JN100708

数学的な見方・考え方が育つ

整理整頓の算数の授業

筑波大学附属小学校
山本良和

東洋館出版社

はじめに

　数学的な見方・考え方は、問題を整理整頓する視点・方法でした。

　本書の表紙に記した文言です。現在の小学校現場は、昨年度改訂された
学習指導要領に示された新たな算数授業像の具現化を目指して試行錯誤し
ている真っ最中です。しかし、昨年からずっと続くコロナ禍の影響もあ
り、なかなかうまくいっていないというのが現状でしょう。ただ、うまく
いかない理由は、コロナ禍という特別な状況だからということだけではな
く、私はもっと別のところに本質的な原因があると考えています。
　学校現場で新たな算数授業を実現するためには、目指すべき教育理念を
教師がしっかり理解し、それを教師間で共有することが大事になります。
しかし、現実的にはそれがなかなか難しいのではないでしょうか。なぜな
ら、教育理念を表す文言の概念がわかりにくいからです。特に算数が専門
でない教師にとっては、意味がわからないと感じる言葉が少なくないと思
われます。上記の「数学的な見方・考え方」はその一例です。学校現場の
多くの教師はこの言葉がどのようなことを指しているのか具体的にイメー
ジできない、あるいはイメージしていることが教師間で一致しないという
事態が生じているわけです。
　例えば、学会のような研究の世界では、言葉を精緻化し、それぞれの言
葉の概念をしっかり規定した上で論を展開します。言葉に揺らぎがないの
で互いの論を検討したり共有したりすることが容易にできます。ただしそ
れは、同じ学会という枠組みの中だけでの話です。専門ではない大多数の
一般の教師に「その言葉」は通じません。だから、小学校の現場で研究を

進めていく場合には、言葉の意味をかみ砕いて誰もがイメージを共有しやすくすることが求められます。

　そこで本書では、「数学的な見方・考え方」を「整理整頓」という日常生活で誰もが体験したことのある行為に置き換え、そこで働かせている「整理整頓の視点・方法」と捉えてみました。そして、算数の授業で子どもが「整理整頓の視点・方法」を働かせるようにするための7つの「整理整頓の思考法」を具体的な授業例を通して示すことを試みました。

　普段の生活の中で誰もが当たり前のように行っている「整理整頓」と算数の学びがつながっていると捉えると、算数の授業の中でどのような子どもの姿を大事にしなければならないのかということも具体的にイメージしやすくなると思います。そして、たとえ教職経験の少ない教師や算数が専門でない教師であったとしても、算数科の目標の前提となっている「数学的な見方・考え方」を「整理整頓」のイメージで捉えられれば、目指すべき算数授業が具体的に捉えやすくなると考えています。

　「整理整頓」という観点が算数授業に対する読者の皆様の捉えを変えるきっかけとなれば、幸いです。

山本良和

目　次

序 章

算数授業と
整理整頓する力

算数授業で育てたい
「整理整頓する力」

▽ 問題を「整理整頓する力」

　変な言い方ですが、私は、算数の授業でなるべく子どもに教えたくないと思っています。こう言うと、教師という仕事をしているものが子どもに教えたくないなんて、何を言っているんだと叱られそうです。私が大事にしている算数授業は、私が子どもに算数の内容を直接教えるのではなく、算数授業の中に私が用意した「状況」によって子どもが何かに気付き、その気付きを子どもたちみんなで意識し、追求していくような学びを成立させていくというものです。ただし、教科書の中で博士のマークなどによって強調されている算数の用語や記号という人類共通の「文化」は、教師が伝えないといけません。これらは子どもが発明や発見をすることができるものではないからです。だから私が教えたくないというのは、これらを教えたくないと言っているのではありません。

　極端な話、算数の授業を通して私が子どもたちに育てたいのは算数用語や公式という知識でもなければ、計算ができるという技能でもありません。これらは確かにテストの点数に直結するものですから、世間一般では大事にされています。それを「どうでもよい」と言ってしまうのは、随分と乱暴な考えなのかもしれません。しかし、これが本音なのです。じゃあ、何をねらって算数の授業をしているのかというと、未知のものに出合ったときの対処の仕方、立ち向かう姿勢、そして対処できたときに味わえる感動や喜びです。これらを子どもたちに獲得させたいと考えているの

です。

　それは、ひょっとすると最近流行の「数学的な見方・考え方」や「数学化」、「数学的活動」に当たるのかもしれませんが、私は少し違うように感じています。「数学的な見方・考え方」や「数学化」、「数学的活動」のような抽象的なお硬い言葉では、私の目指すイメージが表現されているとは思えず、しっくりきません。逆にもっと平易な言葉で表した方がわかりやすいと思っていました。そんなとき、ふと「整理整頓する力」という表現が閃きました。

　きっかけは、新型コロナウイルス感染症の流行による臨時休校期間の出来事です。算数の授業を自宅からオンラインで行うことになり、授業動画を収録しやすい環境にするべく自分の部屋を模様替えすることにしました。改めて自分の部屋の中にある物に目を向けると、必要な物もあれば、ほとんど使っていない物があることに気付きました。この際だから要らない物は捨てようと考えたのですが、断捨離のテレビ番組ではないですが、やはり残すかどうかの判断には悩みます。「これがあればこういうときに使えるし……」「無ければ無いで困るよなあ……」これが断捨離の難しさです。そして、悩んだ挙句に残す物を決めました。ところが、今度はその配置に悩みます。「これをここに置けばこうなるし……」、「でも、そうするとあれの置き場所はどうなる？……」こういうことは日常的に誰もが経験したことがあるでしょう。しかし、この時、私はふとあることに気付きました。それは、部屋の模様替えで働かせている思考や判断が、算数を学ぶ子どもが働かせている思考や判断と同じものだということです。

　つまり、算数の問題解決も部屋の模様替えも、どちらも「整理整頓する」ことの連続によって成り立っているという点で共通しています。「数学的な見方・考え方」の具体を「整理整頓の視点・方法」に置き換えてみればよいのではないかという考えが閃いたのです。

そこで、改めて子どもにとっての算数の授業の意味を考えてみました。毎日の算数の授業は、子どもにとっては今までとは何かが違う「未知」のものに出合う場面です。ただし、その「未知」は、知らないものだから知識として伝達すればよいという単純なものではありません。子どもが自分に備わっている「もの」を「未知」である対象に応じて取捨選択して用いることができれば、きっと乗り越えることができる「未知」なのです。だから教師は、子ども自身が自分の力で乗り越えられたという実感を伴うような学びを実現することを大事にしなければいけません。そのような算数の学びを体験している子どもは、目の前にある「未知」に対応するために必ず対象に対して「整理整頓する」という行為を働かせます。言わばこれが学習指導要領の文言「数学的な見方・考え方を働かせ」の具体だということです。だから「整理整頓する力」を切り口として算数授業における子どもの学びを捉えてみると、学びの意味や価値がはっきりすると考えるようになったのです。

　ちなみに算数の学びで「数学的な見方・考え方」を働かせることは、現在の学習指導要領における算数科の目標の前提となっています。しかし、この「数学的な見方・考え方」は、一見するとなんとなくわかったような気になりますが、いざ説明しようとすると実はその具体がわからない文言だということに気付きます。「数学的な見方・考え方」とは何か、ということを具体的に捉えられたならば、それが日々の算数授業を改善する視点と成りえます。そこで、まず私は、「数学的な見方・考え方」を次のような作業定義として表現してみました。

> **「数学的な見方・考え方」（作業定義）**
>
> ○「数学的な見方・考え方」は、生活体験等を通して生来的に備えて
> きた物事に対する子どもの見方・考え方が基になっており、子ども
> が生活場面や学習場面で無意識のうちに機能させているもの。
>
> ○「数学的な見方・考え方」として子どもが意識できるかどうかは、
> 教師や仲間からの数学的な効果に関する価値付けの程度に依存して
> いる。
>
> ○算数の授業は、子どもが自ら機能させている「数学的な見方・考え
> 方」を自覚する場面・機会であり、そこで「数学的な見方・考え
> 方」を機能させる効果を実感することによって、子どもは自発的に
> それを働かせるようになる。

　要するに「数学的な見方・考え方」の「タネ」は全ての子どもの自然な
姿の中にあるものであり、それを教師や周りの仲間が見出し，価値付けて
いく中で、子どもが自覚して働かせることができるようになると捉えてい
るわけです。

　そのような「数学的な見方・考え方」の具体を、「整理整頓する力」を
発揮するときに働かせている「整理整頓の視点・方法」と捉えてみようと
いうのが私の考えなのです。

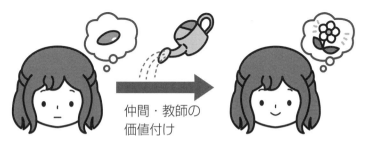

仲間・教師の
価値付け

算数授業と整理整頓する力

子どもが働かせる
「整理整頓の視点・方法」

　ただ、算数の授業の中での「整理整頓する力」と言っても、子どもの具体的な姿がピンとこないかもしれません。そこで、算数授業において子どもが働かせる整理整頓する場面の見方・考え方、即ち「整理整頓の視点・方法」についてもう少し細かく具体的に捉えてみましょう。

　実は、算数の問題解決の中で子どもが機能させている「整理整頓の視点・方法」は一つではなく、いくつかの種類があり、使われる目的や使用場面が異なります。例えば次のようなものです。

▽「同じ」モノを集める

　部屋の模様替えをするとき、乱雑にモノが置かれていると、最初に同じモノを集めて整理し、それらを一緒にまとめて置くようにしようとするでしょう。散らばっているとどこに何があるかわかりませんから。同じ仲間は同じ場所にあればすぐに取り出せますし、新たなモノが増えてもどこに置くかはっきりします。

　これは算数で言えば集合の考えにあたります。事象を集合として捉えて整理整頓するということです。

　例えば、整数を奇数と偶数の仲間に分けて整理することがこれにあては

まります。2で割り切れるという性質をもつ整数の集合と2で割ると1あまる整数の集合に分けています。倍数も同様で、「同じ」性質の整数を集めてつくられている集合となっています。

偶数　{0, 2, 4, 6, 8, 10 ,12, ……}

奇数　{1, 3, 5, 7, 9, 11, 13, ……}

3の倍数　{3, 6, 9, 12, ………}

このように「同じ」集合をつくる活動は、1年生から当たり前のように扱われています。例えば答えが5になるたし算の式や答えが6になるたし算の式を集めるのも「同じ」モノを集めているわけです。

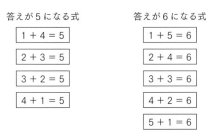

このように「同じ」モノを集めるという「整理整頓の視点・方法」は、算数の授業の中で当たり前にように用いられていますが、子どもにとっての意味や価値については案外意識されていないのではないかと思います。子どもは、「同じ」モノを集めることで集合内に共通することを見出したり、複数の集合を比較する中でそれぞれの集合の特徴を見出したりする訳です。

「同じ」モノを集める「整理整頓の視点・方法」を算数の授業にも積極的に取り入れていきたいものです。

▽「同じ」に気付く

　整理整頓しようとする対象であるモノの機能面に着目して、全く関係がないモノだから別々に収納しようと考えていたモノ同士が、例えば色目が同じだとか、大きさが同じだという共通点があることに気付き、整理整頓の仕方を変えることがあります。複数のモノを改めて見比べているうちにそれまで見えていなかったことが見えてきたというわけです。

　算数では、このような整理整頓の仕方がとても大事になります。いわゆる帰納的な考え方です。学習対象を整理していく中で、子ども自身が「いつも同じことがある」「きまりがある」ということに気付いていきます。

　例えば、第5学年で正多角形の作図をする場合に、円を活用して中心角をもとに分割する方法と、辺の長さと内角を利用する方法がありますが、それぞれの方法で用いる角の大きさを整理していたときのことです。

　子どもが、「アレッ？　中心の角と1つの内角をたすといつも180°になっている」と言うのです。そして子どもたちは他の正多角形でもこのきまりが成り立つことなのか調べたくなりました。おもしろいことに正七角形や正十一角形、あるいは正三万六千角形のようなものについてまで広げて調べていきました。そして、改めて「すごい！　本当にいつも中心の角

と1つの内角をたすと180°になっている」と驚いたのですが、これだけ調べていく中で、そのようなきまりが成り立つ理由も子どもには見えてきていました。事実、「きまりが成り立たないわけがない」と言って、中心の角と1つの内角をたすと180°になる仕組みについて説明したのです。

このように「同じ」に気付いた子どもは事象を整理整頓する手を止めません。「整理整頓の視点・方法」として「同じ」に気付くことを意識して授業すると、「きまりを見つけましょう」という発問などせずとも、子ども自らが「同じ」に気付いていきます。

▽「同じ」と見る視点を変える

部屋の整理整頓をしているとき、書籍とノート類をそれぞれ別のものとして考えていました。しかし、本棚に書籍を並べ直していくうちに、ノート類も同じように本棚に並べようと考え直したのです。つまり、それまで別のモノとして別の置き場所に置こうと考えていたものを、「よく考えるとこれも同じ場所でいいな」と改めました。それは「同じ」と見る視点を自らが変えたから生まれた考えです。つまり、「同じ」と見る見方は視点を変えると変わるものだということを意味しています。

算数で言えば集合Aと集合Bの共通部分、つまり積集合（A ∩ B）がこれにあたります。

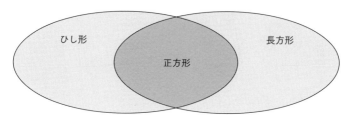

例えば、正方形は4つの辺の長さが等しいからひし形の仲間と見られ

ます。しかし、角に視点をあてると、4つの角が全て直角です。だから長方形の仲間とも見られるわけです。このように積集合の要素はどちらの集合の要素でもありますから、何を「同じ」と見るかという視点によって要素の捉え方が変わってくるわけです。

このような思考は図形の仲間分けをするときによく現れます。図形の構成要素の捉え方、すなわち子どもが図形の何を「同じ」と見るかによって図形の仲間分けの仕方が変わってくるということを意識して授業に臨むことで、逆に「同じ」と見る視点を変えることを子どもに促すことも可能です。

▽「同じ」と見なして広げていく

部屋にあるモノの整理整頓では、例えば、鉛筆とボールペンと蛍光ペンというように「同じ」と見なすモノを細かく設定して分けていると、逆に

整理しにくくなる場合があります。最初からペン立てに整理できるモノというように大枠で「同じ」モノだと捉えてみると、どれも同じ場所に整理できるので作業が早くなることもあります。

　これは算数で言えば集合Aと集合Bというように別個に捉えるのではなく、集合Aや集合Bをその上位集合にあたる集合Cの部分集合として事象を捉えるということにあたります。

　例えば、第3学年の「たし算」の学習で「3位数+3位数」のたし算の計算ができるようになった子どもが、「4位数+4位数」も同じように計算できるはずと考えて挑戦していくような姿です。たとえ4位数であっても、同じたし算なんだから「3位数+3位数」と同じように計算できると考えて拡張している子どもです。

　また、前述の正多角形の中心角と1つの内角の和がいつでも180°なのか調べていった子どもの姿も、他の正多角形も「同じ」と見なして広げていると見ることができます。

　このような思考を働かせる子どもは、主体的に学びに取り組んでいますし、自ら算数の世界を広げようとしています。数学的に考える資質・能力の一つに「学びに向かう力」が挙げられますが、「同じ」と見なして広げていく「整理整頓の視点・方法」を具現化する子どもは「学びに向かう力」を身につけていると言ってよいでしょう。

▽ 別のモノに置き換える

　棚の中に「同じ」モノを整理しようとしたとき、全てのものがピッタリ収納できなくて、棚からあふれてしまったり、逆に棚のスペースが余ってしまったりすることがあります。

　こんなとき、あふれたモノを新たに置く場所を考え直したり、空いたスペースに追加して置くものを再検討したりしますが、もう「同じ」モノはありません。だから全く別のモノに置き換えて収納することがあります。それは、例えばくつ箱に入り切らなかったくつを衣装ケースにしまうというようなイメージです。

　算数でも、学習対象を別のものに置き換えて問題解決の方法を検討することがあります。例えば、第5学年で初めて「2.3×5.6」という小数のかけ算の計算の仕方を考えるとき、子どもたちは「このままでは計算の仕方がよくわからない」、「どうすればいいのだろう」という問題意識を抱きます。そんなとき、「2×6＝12」の計算をしようとする子どもがいます。この子どもは、小数をそれに近い整数に置き換えて答えを見積もろうとしているわけです。そしてかけ算の答えは大体これぐらいの数になるはずという見通しを持ちます。

　一方では「23×56」の計算をしようとする子どももいます。「小数×小数」の計算の仕方はわからないけれど、小数点をなくした「整数×整数」だったならば計算できると考えて小数を整数に置き換えた子どもです。

　このように別のモノに置き換えるという「整理整頓の視点・方法」は、未習の学習内容を既習とつなげていく場面で有効に機能します。特に、子どもが既習と関連付けて置き換えたくなるような教材を設定したり、場の用意をしていけば、計画的に「整理整頓する力」を身に付けさせることができます。

▽ 順番に並べる

　モノを整理整頓しようとするとき、例えば、小さいモノから大きいモノへと大きさに応じて順番に並べるように、モノの並べ方を意識することがあると思います。その方がきれいに見えますし、自分自身の気持ちも落ち着きます。

　算数で言えば、数の小さいものから大きいものへと順番に並べるような活動がこれにあたります。あるいは、長さのような量が大きいものから小さいものへと順番に並べるということもあるでしょう。

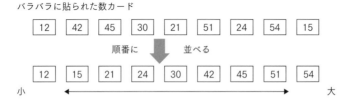

　例えば、第4学年の「わり算」の習熟の授業で、①、②、③、④、⑤の5枚の数字カードのうちの2枚を並べてできる2けたの数の中で、「3でわり切れる数を見つけましょう」という授業を行ったときのことです。子どもが見つけた2けたの数を私が短冊カードに書き、それを黒板上にバラバラに貼っていきました。すると、子どもから「並び替えていいですか？」という声が上がりました。そして、上図のようにカードを並べたのです。小さい数から大きい数へと順番に並べています。バラバラなものを見ると整理整頓したくなるという意識は大事にしたいものです。

　ただ、ここで教師が意識しておきたいのは、順番に並び替えるのは教師ではなく子どもだということです。また、子どもに並べる操作をさせるのですから、並べられる教具を用意しておく必要があります。

▽ 並び替えるよさを意識する

　きれいに順番に並べるのはよいことですが、ときには順番に並べていた
モノをあえて並べ替えたくなることもあります。部屋の模様替えならば気
分的なことが理由かもしれませんし、あるいは別の理由からなのかもしれ
ません。どんな理由であれモノの配置は固定されているわけではないとい
う意識があるから並び替えるわけです。

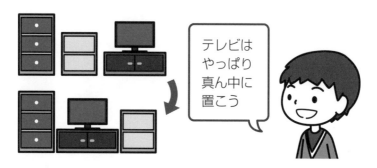

　算数でも同様で、学習対象である教材を操作できない固定的なものと捉
えるのではなく、一度並べたものでも自分の目的に応じて並び替えてもよ
いものだと意識させていくことが大事になります。
　前頁に示した「3でわり切れる数」のカードの場合、小さい数から大き
い数へと順番に並べたはずだったのですが、子どもから改めて「並び替え
てもいいですか?」という声が上がりました。その子は「おもしろいこと
を見つけた」というのです。

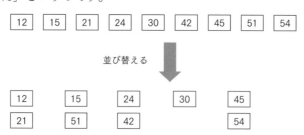

この子は、カードをペアになるように並び替えて整理し直し、「十の位と一の位が反対のペアの数がある」ことをおもしろがっていました。そして、「30 は十の位と一の位を反対にすると 03 になってしまうのでペアがない」ということも申し添えました。

　ところが、これを見ていた他の子どもが、また並び替えました。

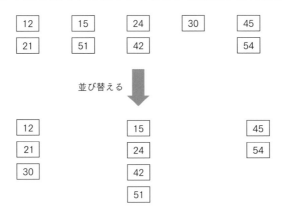

　12、21、30 は十の位と一の位をたすと 3 になる仲間、15、24、42、51 は同じく十の位と一の位をたすと 6 になる仲間、そして最後の 45、54 は十の位と一の位をたすと 9 になる仲間だと言います。

　自分が相手に伝えたいことをわかりやすく整理する手段として並び替えをしています。

　このように並び替えるという「整理整頓の視点・方法」のよさを子ども自身が意識できるようになると、目的に応じて自分から自然な形で行うようになってきます。

▽「同じ」仲間をつくる

　「並び替えるよさを意識する」という「整理整頓の視点・方法」の前提は、整理整頓する対象が固定されているわけではないという意識だと述べました。つまり、「変えてよい」と考えているからできるわけです。この考え方は並び替えだけではなく、整理整頓する対象そのものを変えていくことも含みます。

　例えば、第5学年の「面積」で「$(\square + \square) \times 4 \div 2 = 16\ [\text{cm}^2]$」の式で面積が求められる形を見つける授業を行いました。子どもは、この式から高さが4cmに固定されていること、そして面積が16cm²になることを読み取り、タブレット上で形を作っていきました。文字通り「同じ」仲間をつくる活動です。与えられた図形の面積を求めるのではなく、同じ式で面積が求められる図形をつくり出し、集めていく中で、台形の面積の公式、平行四辺形の面積の公式、そして三角形の面積の公式が同じ仲間だということを導き出しました。子どもが「同じ」仲間をつくるという「整理整頓の視点・方法」」を用いることで生まれた素直な気付きや発見だったわけです。

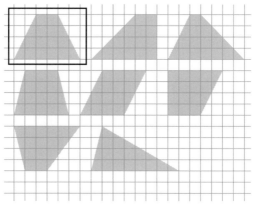

「$(\square + \square) \times 4 \div 2 = 16\ [\text{cm}^2]$」の図形探し

算数授業と整理整頓する力

「整理整頓の視点・方法」 を働かせる整理整頓の思考法

　算数の授業の中で働かせている子どもの「整理整頓の視点・方法」ということのイメージ、あるいは意味や価値が伝わったでしょうか。

　間違いなく子どもは「整理整頓する視点・方法」を働かせる存在なのです。ただ、「整理整頓する視点・方法」を働かせる姿が現れるのを漫然と待っているようでは指導とは言えません。教師は、意図的に「整理整頓する視点・方法」を働かせる子どもの姿を引き出し、価値付けていかなければなりません。

　育てるべきは、子どもが「整理整頓する視点・方法」を働かせるようになるための、整理整頓の思考法です。

　私は、それを以下の7つの仮説に整理しました。

▽子どもが「整理整頓の視点・方法」を働かせるようになるための整理整頓の思考法

❶ 整理整頓する目的を明確にする

・何のために整理整頓しているのかという目的や、なぜ整理整頓しているのかという理由をはっきりさせる

・整理整頓した結果となるゴールを具体的にイメージする

❷ 整理整頓する対象を定める

・必要なもの（情報）と不必要なもの（情報）を区別する

3 **整理整頓する上での条件を確認する**

・対象に備わる特性に応じて整理整頓の仕方を決める

4 **整理整頓する観点を決める**

・「同じ」ものを集めて、まとめる

・「同じ」と見る視点から、他のものに「同じ」仲間と見なせるものを
探す

5 **整理整頓する順番に着目する**

・すぐに整理整頓できそうなもの（わかること）と、時間がかかりそう
なもの（わからないこと）に分ける

・整理整頓する基準を設けて、まず、次に、そして…と整理整頓を進め
る段取りを検討する

6 **整理整頓の方法による違いを検討する**

・「もし、〜したら、…なる」と整理整頓の仕方を吟味する

・並び替えた場合を対比する

7 **整理整頓した結果をもとの状態と比べる**

・もとの状態からの変容を確認する

・やってみた結果を見て、再びやり直す

・いつでも、誰にとってもいい整理整頓になっているか検討する

次章では、以上の整理整頓の思考法を具体化する算数授業について詳しく述べたいと思います。

　特に、それぞれの仮説がどのようなことを意味しているのかということや、そのような子どもの姿を引き出す算数授業はどのようなものであるのかということを具体的に提案します。

第1章

整理整頓の思考

 整理整頓の思考 **1**

目的を明確にする

整理整頓の思考法

・何のために整理整頓しているのかという目的や、なぜ整理整頓して
　いるのかという理由をはっきりさせる。
・整理整頓した結果となるゴールを具体的にイメージする。

▽ 整理整頓する目的を明確にする

　冒頭で述べたように私が部屋の模様替えをしたのは、自分の部屋から授
業をオンデマンド配信できるように、限られたスペースの中でもどうにか
撮影しやすい環境が整えられないかと考えたからです。やはりプライベー
トな部分が映りこむのは避けたいですし、ある程度の動きの自由度が確保
できるようなスペースを空けたい、あるいは自分で撮影するわけですから
カメラを設置する場所と授業をする空間との位置関係をよくしたい等のこ
とを考えてのことでした。つまり、整理整頓するときには、何らかの目的
があるわけです。

　逆に言えば、整理整頓をするときには改めて何のために整理整頓してい
るのかという目的や、なぜ整理整頓しているのかという理由をはっきりさ
せることが大事になります。中には特に理由はないけど部屋の模様替えを
したくなるという方もいらっしゃるかもしれません。でも、それもよく考
えてみると、気分転換を図りたいという目的があるのではないでしょう
か。

また、このように目的を意識して整理整頓した場合、整理整頓した結果が目的に合致したものになっているかどうか確かめることも大事になります。そのため、あらかじめ整理整頓した結果となるゴールをなるべく具体的にイメージしておくとよいでしょう。

▽「目的を明確にする」ことのよさを意識させる算数授業

1)「データの活用」領域の内容と「整理整頓する目的」

　現行の学習指導要領になって、それまで「数量関係」領域に含まれていた統計的な学習内容が「データの活用」領域として分離されました。例えばその第6学年のねらいは、目的に応じたデータの収集や分類整理、表やグラフ、代表値の適切な選択など、一連の統計的な問題解決ができるようになることや、結論について批判的に捉え妥当性について考察することができるようになることと書かれています。

　特に量的データの分布に関する考察は、第6学年で学ぶ新たな学習内容です。量的データの特徴を読み取る場合、データ全体の特徴を表す指標として平均値、中央値、最頻値などの代表値を用いる場合があり、これらの意味を理解して適切に用いることができるようになることが求められています。中でも平均値は一般的にもよく用いられる代表値ですが、代表値として適切であるとはいえない場合が存在することを意識できるようになることに意味があります。そして、平均値が代表値としてふさわしくないときに、中央値や最頻値を代表値として用いる場合があることを指導していきます。資料の特徴や代表値を用いる目的を明らかにし、用いるべき代表値を適切に判断できるようになることが、特に大事にしたい指導内容だということです。つまり、量的データを統計的に分析する場合、何のために分析しているのかという目的によって整理整頓の仕方が変わります。

ところで、以前の学習指導要領でも、量的データの分布の様子や特徴を捉えるための統計的な処理の方法として、度数分布表や柱状グラフが扱われていました。度数分布表は階級に分けて分布の様子を数量的に捉えやすくしたものであり、柱状グラフは各階級の幅を横、度数を縦とする長方形で表したものです。柱状グラフを用いると各階級に属する度数が視覚的に捉えられるので、全体の形や左右（階級）の広がりの範囲、山（度数）の頂上の位置、対称性など、分布の特徴が直感的に捉えられます。

　これらの表現方法は、子どもが発明するものではなく基本的には教師が教えることです。一方、子どもから引き出すべきことは、量的データを比較する場面において平均値で比べるのでは不十分な場面が存在するという気付きであり、量的データの散らばりを考えなければ判断できないという見方や、それを自分なりに表現してみようとする態度です。

　学習指導要領では、統計的な問題解決の方法「問題（Problem）－計画（Plan）－データ（Data）－分析（Analysis）－結論（Conclusion）」の理解もねらいとされており、第6学年では、身の回りの事象を対象として目的に応じたデータの収集や適切な手法の選択ができるようにすることまでもが求められています。私は、統計的な問題解決の方法、即ち PPDAC サイクルに対する実質的な理解は、総合的な学習や社会科や理科といった他教科との横断的な学習を通してなされるものだと考えています。ただ、統計処理の知識や技能を習得する場面でも子どもに PPDAC サイクルを意識させることは大事な視点であると思います。だから、**子どもにとって身近な事象であり、子ども自身の問題となりうる場を設定する**ことが好ましいと考えています。つまり、「整理整頓する目的」が子どもの中になければ統計的に分析することの実質的な意味や価値が理解されないからです。

2)「整理整頓する目的を明確にする」ことを促すデータの活用場面

　では、量的データの分布を子どもが目的意識をもって必然的に意識するような場面とはどのようなものでしょうか。

　例えば、よく取り上げられる場面にクラス間でのソフトボール投げの記録の比較があります。この場面、確実にデータの散らばりが生じるので、平均値や最大値、最小値に子どもの目が向かいます。ただ、この実践では、散らばり具合を階級に分けて分析してみようというアイデアが現れる必然性は乏しいと言わざるを得ません。その上、もし階級を設定したとしても「区切りのいい5m（10m）でいいか」というように感覚的かつ機械的にデータを分けてしまいます。そこには散らばり具合の分析に対する子どものこだわりが存在しません。なぜなら、データを整理整頓する目的が子どもの中に存在していないからです。

　そこで、データを整理整頓する目的を子どもが抱くことを意図して、例えば「1分間の感覚調べ」という場面を設定します。子どもたち一人ひとりが目を閉じて、自分が1分だと思う時間をストップウォッチで計るのです。つまり、各個人の1分間の感覚の正確さを試すという何とも軽いテーマの調査です。しかし、この1分間の感覚を表す秒数のデータは、ソフトボール投げの長さのデータとは子どもの認識の仕方が大きく異なります。1分間の感覚の場合は、1分（60秒）という明確な目標があるので、子どもは必然的にジャスト1分を基準とします。そして、1分からどれだけ秒数が離れているかということに着目してデータを分析しようとします。つまり、子どもは自然な形でデータの散らばりに目を向けていくわけです。一方、ソフトボールの記録の場合には基準となる長さが存在しません。だから子どもは、「○○と比べて〜です」という見方をしにくいですし、実際しません。

　また、データの散らばりに目を向けた子どもは、1分間の感覚調べの場

合は必然的に階級に分けようとし始めます。そして、階級の設定の仕方、即ち範囲の設定に対する子どもなりのこだわりが現れてきます。それは、整理整頓する目的を子ども自身が意識しているからこそ生まれるこだわりなのです。

3)「1分間の感覚調べ」で整理整頓する目的を明確にする
① 問題（Problem）の設定とデータ（Data）の収集
第1時の導入で、「1分間の感覚調べ」と板書し、子どもたちに次のような調査を行うと伝えました。

○2人組で1分間の感覚を調べる
○1人の子どもは目を閉じて、「よういスタート」と言われたときから1分経ったと思ったときに手を挙げる（声を出すと、他の子どもに影響を与えてしまうため手を挙げる方法とした）
○隣の子どもはストップウォッチでその時間を計測し、結果を相手に伝える。
○1人が終わると、交代して、全員のデータを収集する。

実際のデータは次頁の通りです。

「1分間の感覚調べ」の結果

番号	時間(秒)	番号	時間(秒)
①	51.0	㉑	64.3
②	62.6	㉒	62.6
③	60.1	㉓	69.0
④	64.0	㉔	67.1
⑤	56.3	㉕	60.0
⑥	60.1	㉖	59.8
⑦	63.5	㉗	63.5
⑧	60.0	㉘	58.4
⑨	66.3	㉙	57.1
⑩	61.5	㉚	61.8
⑪	69.0	㉛	58.7
⑫	64.0	㉜	67.3
⑬	60.7	㉝	64.2
⑭	59.6	㉞	64.1
⑮	66.6	㉟	68.2
⑯	61.5	㊱	57.4
⑰	64.7	㊲	66.9
⑱	57.9	㊳	59.6
⑲	61.5		

② データから設定された子どもの問題

データが集まったところで、このデータからわかることを確認しました。

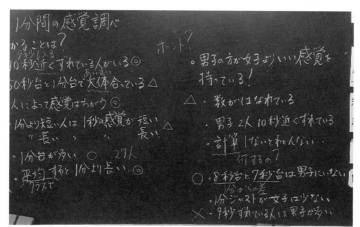

【わかること】

・10 秒近くずれている人がいる。

・50 秒台と 1 分台で大体合っている。

・人によって感覚は違う。

・1 分台が多い。

・クラスで平均すると 1 分より長い。

・男子の方（①～⑲）が女子（㉑～㊴）よりいい感覚を持っている。

　これらの気付きに対して、「ホント？」と問い返し、「わかること」の妥当性を子どもたちに確認してみました。すると、事実として言い切れることがある一方で、はっきりしないものがあるということが見えてきました。それは、「男子の方が女子よりいい感覚を持っている」という考えです。

　子どもから改めて次のような意見が現れました。

【男子と女子の記録を比べて】

・数が離れている。

・男子は 2 人 10 秒近くずれている。

・計算しないとわからない。

・8 秒台と 7 秒台は男子にいない。

・1 分ジャストが女子は少ない。

・9 秒ずれている人は男子が多い。

　これらは全て、データを分析するための視点として子どもが意識したことの現れとなっていますし、分析方法に対する子どもの問題意識の現われにもなっています。

中には、予想していた通り1分を基準とした散らばりに関する見方も現れました。「8秒台と7秒台は男子にいない」とか「9秒ずれている人は男子が多い」の中に現れている秒数は、1分からの誤差を表しているのです。

　また、「計算しないとわからない」という表現からは、分析する手段として計算を活用できる可能性があるということを意識していることがうかがえます。いずれにせよ「男子の方が女子よりいい感覚を持っていると言えるのか」ということが子どもたちの問題となりました。

③　分析（Analysis）の仕方についての検討

　第2時では、本当に「男子の方が女子よりいい感覚を持っていると言えるのか」という問題を解決する方法を考えることになりました。つまり、データの分析のし方の検討です。子どもたちは予想通り平均値を求めようとし始めました。

　男子の平均値は61.6秒、女子は66.4秒。男子の方がよいという結果が

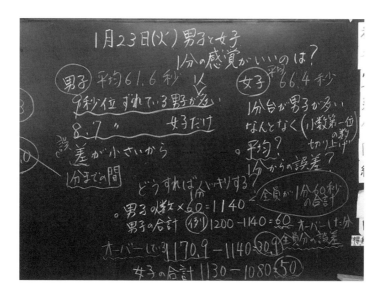

出ました。ところが、それに対する反論が現れました。それは、1分からの誤差に着目した意見です。

【誤差に着目して】

・9秒位ずれている男子が1人多い。

・1分台の男子が多い。

・8,7秒ずれているのは女子だけ。

　この子たちは、このままではまだ納得できないというわけです。

　すると、R子が「『男子の（秒数の）合計－男子の数×60』を求めて女子と比べればいいと思う」と言い始めました。周りの子どもに、この式で求められるものが何なのかを確認してみると、次のような共通理解が得られました。

　「もし男子が全員1分ピッタリだったら、時間の合計は『60（秒）×男子の人数』になるけど、実際には違うからその誤差の合計が求められる」

　実際に計算する、このようになりました。

　男子　1170.9－1140＝30.9

　女子　1130－1080＝50

　この結果を見れば、やはり男子の方が女子より感覚がよいということになります。

　ところが、今度はT男が「これではダメだ」と言い始めました。

　「30.9と50は結局1分より長い人が多かったからオーバーしているのであって、これでは1分より短かった人の誤差がはっきりしない」

というのです。だから、一人ひとりの1分からの違いを比べた方がよいということになりました。つまり、例えば51秒の子どもの違いの9秒や69秒の子どもの違いの9秒をそれぞれ同等に扱う「絶対値」の考えです。

早速確かめると、男子の違いの合計は 61.3 秒、女子は 68 秒となりました。結局、この結果からも男子の方がいい感覚を持っているということになりました。

④　分析（Analysis）の仕方の再検討

　計算をもとにしたこれまでの分析の結果、個々の時間の平均値も男子の方が 1 分間の感覚がよいし、誤差を計算しても男子の方が 1 分間の感覚がよいということになりました。でも、最初から誤差の大小とその人数に着目していた子どもの中には、まだこだわりがありました。つまり、時間ごとの人数を整理してみたいというのです。これは、いわゆる度数分布表の作成を意味しています。

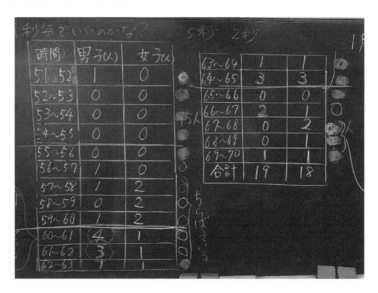

　子どもたちが 1 秒毎に人数を調べるというので表に整理しました（上写真）。しかし、出来上がった表を見ても「何だかバラバラでわかりにくい」と言います。そして、「（階級は）1 秒毎でいいのかな？」という階級の設定の仕方に関する新たな問題意識が生まれました。

「2秒毎がいいんじゃない？」

「5秒毎の方がいいんじゃない？」

階級の設定に関する複数の考えが現れたので、子どもが個々に決めた階級で新たに表を作り直すことにしました。

ちなみに、学習指導要領には、「階級の幅を変えて柱状グラフを作り直すなどして、分布の様子を的確に捉えることは、中学校第1学年で扱うものとする」と書かれています。ただ、この実践では子どもの素直な問題意識に従い、階級を変えてみることにしたわけです。

結果的に子どもは、同じデータでも階級を変えることで秒数毎の分布の見え方が変わってくることを実感しました。

また、最初は下の写真のように1分（60秒）を基準として、その前後に〇秒ずつの階級を設定していましたが、この設定の仕方を変えた方がいいという考えが現れました。

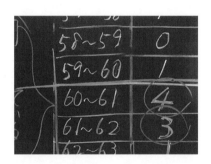

「大事なのは1分（60秒）だから、2秒毎の場合は、60秒を中心として59秒以上61秒未満と変えた方がよい」と言うのです。

さらに、その考えを聞いた子どもからは、「だったら、5秒毎の方は区切りを4秒毎に変えて58秒以上62秒未満とした方がよい」という改善案も現れました。

これらは全て「男子の方が女子よりいい感覚を持っていると言えるの

か」という問題を解決するための分析（データの整理整頓）であるという目的をより一層明確にしている子どもの姿だと言えます。**子どもが目的意識を明確にしていくことによって、データの分析結果や分析方法は自ずとブラッシュアップされていく**わけです。だから、PPDACサイクルが有効に機能するようになるためには、データを「整理整頓する目的を明確にする」ということがとても大事になると言えます。

　「1分間の感覚調べ」の活動を設定した本実践では、1分という基準の存在が、子どもからそのような分析方法の改善や階級の設定の仕方に関するアイデアを引き出すことにつながりました。
　なお、次時以降の授業では、散らばり具合をドットプロットに表して視覚的に捉えられるよさを実感させるとともに、棒グラフと対比させながら柱状グラフに表す方法について指導しました。

目的を明確にするためのポイント
・問題解決に向けて、今何のために何を明らかにしようとしているかを子どもに自覚させる。
・そしてその場の目的に応じた解決方法を検討させる。

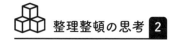整理整頓の思考 **2**

対象を定める

整理整頓の思考法

・必要なもの（情報）と不必要なもの（情報）を区別する。

▽ 整理整頓する対象を定める

　部屋の模様替えの場合、最初にそのまま部屋の中に残すモノと残さないモノに分けると効率的に作業ができます。部屋に残さないということは、この部屋では使わないから別の部屋に移動させるとか、あるいはもう使わないから捨てるということを意味します。部屋に残すモノがはっきりしていると整理整頓する対象が定まっていますから、そのもののことだけ考えて整理整頓を進めていけばいいわけです。逆に模様替えをする最初の段階でスッキリ分けていなければ、作業を進めている途中で一つひとつのモノについて「残そうか、どうしようか」といちいち悩んでしまいます。これでは余計な時間がかかってしまい、効率的ではありません。

　このことを算数の授業に置き換えるみると、問題解決に必要なもの（情報）と不必要なもの（情報）を子ども自身がしっかり区別するようになることが大事だということになります。

▽ 「対象を定める」ことのズレを体験させる算数授業

　「整理整頓の視点・方法」に目をつけたのは、数学的な見方・考え方を

具体的に捉えるためですが、子どもは第1学年の段階から自らの「整理整頓の視点・方法」を発揮する存在だと考えておく必要があります。事実、第1学年でも、目的を意識して自分なりに考えを決めた子どもは、自分と違う考えの友達に出会うと、その友達に対して必ず問いかけようとしますし、同時に、自分の考えを見直そうともします。子どもは、このように友達の考えを問いながら自分の考えを見直すという営みを通して、思考対象に対する自分自身の見方を拡げているわけです。これが学びの構造です。

ところで、自分自身の「数学的な見方・考え方」を子どもが自覚する第一歩は、同じ教材に対する見方の多様性に気付くことだと考えています。一人の子どもの中に備わっている数学的な見方が成長するためには、その子どもが自分の見方を見直す機会となるような友達の見方と出会う体験が欠かせません。言い換えれば、自他の見方や考え方のズレを体験し、そのズレを埋め合わせていく活動を通して数学的な見方が育まれるということです。

本項で示す「整理整頓する対象を定める」という「整理整頓の思考」も、子ども間でズレが生じます。第1学年の段階からそのようなズレを体験することは、これからの子どもの学びにとってとても有意味なことだと考えます。そのような見方や体験が第6学年までずっと続いていくものだからです。だから私は、第1学年の段階から積極的に算数の授業の中に組み入れていこうと考えています。

1）1年生の「かたち」の授業に配慮すべきこと

まず第1学年の「かたち」の授業を例として、「整理整頓する対象を定める」ことの具体と、そのズレの表れについて紹介します。

ところで、1年生の子どもの就学前の生活体験は子どもによって様々で

す。例えば図形に触れるという体験一つとってみても、その量と質に関する個人差は大きいと言えます。算数で図形を扱う授業を行う場合、このような個人差があることを前提として指導にあたる必要があります。だからこそ、逆に子どもの学校生活を支える教室環境を工夫するという意識が教師には求められます。

　私は1年生の担任になると、教室に必ず「パターンブロック」を常備します。そうすると「パターンブロック」は、我がクラスの子どもにとっては当たり前の遊び道具となり、休み時間に自由に触れられます。そして、どの子も自分の手を使ってブロックを積み上げる、1列に繋げて並べる、平たく並べて絵や模様を表す等の操作を体験するようになります。図形に触れるこのような体験が修学前体験の個人差を埋めていくとともに、図形に対する見方を養う素地となっていきます。

　そんな状況の下、授業の前提となる条件がどの子どもにもある程度揃った段階で本時の授業を行いました。実は、その方が逆に子ども同士の互いの見方のズレがより一層明確になると考えていたのです。

2）「パターンブロック」を使って絵を描こう！

　本時の学習内容は、「パターンブロック」をなぞって紙に絵を描くというものです。ねらいは次の2つ。

○立体図形をなぞって絵を描くことを通して、身の回りに存在する平面　図形を意識するきっかけとする。
○立体図形はいくつかの種類の形の面によってできているという事実に　気付き、立体図形の構成要素に関心を持たせる。

　最初に、日頃から触れている「パターンブロック」を次頁の写真の矢印

の順に1つずつ提示し、それぞれのブロックをなぞって紙の上に描ける
形をイメージさせて、自分の目の前で指で表現させていきました。

　すると、子どもによって描く形が違います。最初の緑のパターンブロッ
クの場合、三角は全員の子どもが描きますが、別の形を描く子どもがいま
す。そこで「何種類の形がかけると思っているの？」と聞いてみると、緑
のパターンブロックは「2種類」と「3種類」に分かれました。

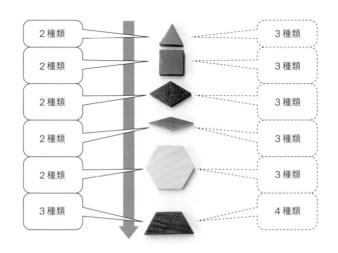

2種類	3種類
2種類	3種類
2種類	3種類
2種類	3種類
2種類	3種類
3種類	4種類

　緑以外のパターンブロックも1つずつ順に確かめていくと、一方の見
方では「2種類」と言われる形が他方の見方の子どもには「3種類」だと
言われ、「3種類」という形に対しては「4種類」と言われました。全て1
種類ずつ違っています。見方のズレが生まれました。

　「エッ!?　どうして？」

　双方の見方に対して子どもたちが問いかけ始めました。そこで、どのよ
うに描くのか実際に紙に描いて確かめさせました。

　三角のパターンブロックから描かせていくと、次のような形をなぞって
います。

2種類　　　　　　　　　　3種類目

　そこで、3種類目の形を描く様子を実物投影機で確認すると、2種類と考えていた子どもから「それはダメだよ」という声が上がりました。そして、「ペタッと動かないようにしてからなぞるのに、（3種類目は）グラグラ動いてペタッてならない」と、ダメな理由を言いました。実は、3種類目の形は辺をなぞっていたのです。

　つまり、パターンブロックをなぞって絵を描こうとしたときに、パターンブロックのなぞる場所を自分なりに整理整頓した結果、子どもによってなぞろうと決めた対象が違っていたわけです。だからこのズレは、パターンブロックが備える構成要素の中から子どもが必要だと思って取り出した情報が異なっていたということになります。

　2種類という子どもは、辺はなぞれないと考えているわけであり、辺という情報が不必要なものだと判断しています。これも「整理整頓する対象を定める」子どもの姿の具体です。

　その後、子どもたちは実際にいろいろな絵を描いていく中で「ペタッとしてから」描ける形という見方を実感し、面と辺の違いを意識するようになりました。

　絵が完成したところで新たに別の立体模型を配布し、「こんな箱で絵を描いたら、何種類の絵が描けそうかな」と聞きました。すると右の3つの形で再び意見が分かれました。

　これも立体が備える情報の中から子どもなりに整理整頓した対象がずれたということです。

そのズレは、転がる形がなぞれるかどうか、即ち曲面と平面の違いでした。情報の選択という整理整頓する対象の明確化は、算数の問題発見、問題解決どちらにとっても大事なものなのです。

▽「対象を定める」必要感を自覚させる算数授業

算数の授業で整理整頓する対象を定めるということは、1年生の例のように子どもにとっては無意識の場合が多いと思います。1年生の場合は、無意識・無自覚だったものがズレることで意識化されました。

しかし、子ども自身が「整理整頓する対象を定める」必要感を自覚できるようになることが「整理整頓の思考」として獲得したことだとすると、子ども自身に自覚させるような授業が必要になります。

1）第4学年「分数のたし算」で必要な情報とは

第4学年の「分数」では、真分数、仮分数、帯分数を指導し、同分母の分数の加法、減法も扱います。ここでは、仮分数から帯分数に変える手続き（その逆も）や、加法や減法では分母はそのままに分子だけを計算すればよいという技能を指導するだけならばそれほど難しいことではありません。形式的な手続き的知識の理解だからです。

しかし、分数の指導で最も大切であり、指導が難しいのは、分数のもとになる「1」を子どもにどのように意識させられるかということです。

例えば「2 m の $\frac{1}{4}$」というとき、「$\frac{1}{4}$」という分数のもとになる「1」は「2 m」です。だから、「2 m の $\frac{1}{4}$」は 50 cm を意味しています。

一方、「$\frac{1}{4}$ m」というときの「$\frac{1}{4}$」のもとは「1 m」です。だから、「$\frac{1}{4}$ m」は 25 cm のことです。どちらも「$\frac{1}{4}$」という分数を用いた表現であるにも関わらず、表す長さが異なります。これが分数指導において子どもが最も

理解が曖昧になりがちなところです。

　これらの分数表現を比較すると、前者の分数には単位が付いていませんが、後者の分数には「m」という単位が付いています。前者は「割合分数」であり、後者は「量分数」だからです。

　つまり前者の分数を理解するということは割合を理解するということを意味しています。第 5 学年で百分率等の割合を学習する上での基礎となる分数です。また、「2 m の $\frac{1}{4}$」という表現は第 5 学年で扱う「$2 \div 4 = \frac{2}{4}$」という商分数にもつながっていきます。全国学力学習状況調査でよく出題される「2 m の $\frac{1}{3}$ の長さは何 m ？」といった問題に対して「$\frac{1}{3}$ m」と答える誤答が多いのは、単に商分数の指導が徹底できていないからということだけがその理由ではありません。誤答が多い理由の本質は、第 4 学年で学習した分数に対する理解の曖昧さに起因すると言っても過言ではありません。

　一方、単位の付いた分数である量分数はその単位の付いた単位量そのものが「1」になっているということの理解を第 4 学年では明確にしておく必要があります。ただ、子どもの現実の生活場面には量分数がほとんど存在しません。日本では 1 より小さい端数としての量を表す場合には小数を用いて表現するのが一般的で、量分数は使われないからです。

　言い換えれば、子どもが生活体験を通して触れる機会がある分数は割合分数です。このような現実社会における分数の実態にも、割合分数と量分数の違いに関する理解が曖昧になる原因があります。

　だから、第 4 学年の分数の指導においては、割合分数と量分数を対比するような場面を意図的に設定して授業を行います。そして、分数の意味理解にとって必要なもの（情報）と不必要なもの（情報）を区別する中で、割合分数と量分数の違いを整理整頓することを意識付けるのです。私は、そのような場面を分数の加法の指導で設定しました。それも 1 度だ

け体験させて終わるのではなく、2時間連続で扱いました。第1時で体験した理解をさらに揺さぶる場を第2時に用意し、割合分数と量分数の違いの明確化を図ってみました。

　具体的には、第1時では**割合分数同士の加法場面を扱い、揃っていなければ加法が成立しない「1」という情報に整理整頓の対象を定める**事をねらいます。第2時では、割合分数と量分数という意味の異なる分数の加法場面を扱います。ここでは分数の意味が異なるため揃えるべき「1」が問題となります。結果的に量分数の単位となる「1」に揃えれば加法が成立するということを、子どもが整理整頓していく過程を実現していきます。

2）「分数のたし算」第1時の授業
①　本時の目標
　○割合分数同士の加法場面を通して、分数の加法が成立するためには「1」が揃っていなければならないということを理解することができる。

②　本時の展開
　導入では、具体的なことは何も言わずに「どちらがたくさん食べたと言えるでしょう？」と子どもに投げかけました。学習内容に対する子どもの関心を惹きつけ、こちらが示したよしお君とかずこさんが食べたピザの量を比較するような場面設定を意図しました。

よしお君
　キノコのピザの $\frac{1}{8}$ とシーフードピザの $\frac{4}{8}$ を食べました。
かずこさん
　キノコのピザの $\frac{2}{8}$ とシーフードピザの $\frac{3}{8}$ を食べました。

どちらも食べた量は真分数で示されています。真分数同士の加法の計算処理自体は第3学年で学習していますから、多くの子どもは「簡単だ！」と考えています。事実、「2人とも同じだよ、たくさん食べたんだね」という声も聞こえました。

しかし、その一方で「これじゃあわからない」という声も耳に届きました。意見が分かれているので、まず問題に対する自分の考えをノートに書く時間を設けました。簡単だという子どもたちは、予想通り次のように書いていました。

よしお君 　　$\frac{1}{8}+\frac{4}{8}=\frac{5}{8}$

かずこさん 　$\frac{2}{8}+\frac{3}{8}=\frac{5}{8}$

だから食べた量は同じ

このように「これが当然だ」と思っているという事実こそが分数を十分に理解できていないという子どもの実態を示しています。

一方、「これじゃあわからない」という子どものノートを見ると、図を用いて「わからない」理由を説明していました。

全員が書き終えたところで、まず、「食べた量は同じ」という子どもを指名すると、上述のような考えを説明しました。ところが、説明の途中から、「わからない」という立場の子どもから「だから、どうしてたせるの？」と言う質問が現れました。

そこで、簡単だと思っている子どもたちに対して、「たせないと思っている人がいるみたいだね、どうしてたせないと思っているのだろう？」と問いかけました。彼らに自分自身の問題として意識させたいからです。

すると、全員ではありませんが、「そうか、たせるときもあるけどたせないときもある」と言う子どもが増えてきました。その声に対して「でき

ない」という子どもたちも「そうでしょう！」と満足そうな反応を返します。ただ、彼らがイメージしたことが一致しているかどうかはわからないので、ここで、「わからない」という立場を示していた子どもに改めて考えを説明させました。

L サイズ　　　　　M サイズ

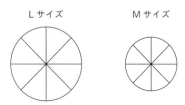

黒板に上のような絵を描き、「キノコのピザとシーフードのピザのサイズがわからないとたし算ができません」と言いました。イメージ通りだという反応を示す子ども、初めて「あっ、そうか！」と気付く子どもがいましたが、いずれにしても「食べた量は同じ」と考えていた子どもが自分の考えを改めて振り返ることになりました。

そして、改めて問題場面の情報を整理整頓し、大事にすべき対象は何かということを確認しました。

○「同じサイズのピザだったら 2 人の食べた量は同じだと言える」
○「キノコのピザとシーフードピザのどちらのサイズが L サイズか M
　サイズだったら、食べた量が多いのはよしお君になったりかずこさん
　になったりする」

結果的に子どもは、分数のたし算の場面を整理整頓するときに最も大事にしなければならないこととして、元のピザの大きさが揃っていることだということを強く意識しました。

3）「分数のたし算」第2時の授業

① 本時の目標

　　○割合分数と量分数の加法場面を通して、分数の加法は量分数の単位量の「1」に揃えて計算するということを理解することができる。

② 本時の展開

　前時に1が揃っていなければ加法が成立しないということの一般化を図った後の授業です。ここでは、あえて割合分数の表現と量分数の表現が混在した次のような問題場面を扱いました。

---

2 m の $\frac{1}{4}$ のテープと $\frac{1}{4}$ m のテープをつなげると、テープは何mになるでしょう。ただし、つなぎ目は考えないものとします。

　前時を経験しているので、子どもたちは問題場面に対して慎重に向き合っています。安易に「$\frac{1}{4}+\frac{1}{4}$」とはしません。このことだけでも前時の学習を行った意味があります。

　子どもが問題場面を整理整頓しようとして意識したのは、「2 m の $\frac{1}{4}$」という表現と「$\frac{1}{4}$ m」という表現の違いでした。

　まず、「2 m の $\frac{1}{4}$」の方は 2 m が元になっているので次のような図を描いて、50 cm であることを説明しました。

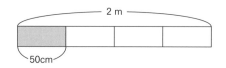

　ところが「$\frac{1}{4}$ m」に対しては「これでは長さが決まらない」と言う子どもが現れました。前時のピザと同じで「分数のもとになっている長さがわからない」というのです。つまり、量分数に対する理解の曖昧さが露呈し

ました。しかし、このような子どもがいるという事実は、本時を設定したことに意味があったということの裏返しでもあります。

ただ、この考えに対して、「$\frac{1}{4}$ m」の「m」という単位に着目した子どもが、「そうじゃないよ。$\frac{1}{4}$ m の方は m が付いているから 1 m がもとになっているんだよ」と反論しました。そして、「$\frac{1}{4}$ m は 25 cm のことだ」と付け足しました。

問題場面の中から必要なもの（情報）と不必要なもの（情報）を区別しようとする子どもの「整理整頓の思考」が機能しています。**分数に単位が付くものと付かないものがあるという事実に目をつけられる**こと自体が、整理整頓する対象を定める第一歩です。

回りの子どもたちにも単位が付いた分数と単位が付かない分数があるということが意識されたところで、改めて単位ついた分数表現では、単位が付いた量の「1」がもとになっていることを確認しました。つまり、$\frac{1}{4}$ m の場合は 1 m がもとになっているということです。

そこで改めて問題の答えを確認しました。既に「2 m の $\frac{1}{4}$」が 50 cm であることは理解されていましたが、「m」を用いた表現はまだ確かめていません。「50 cm だから $\frac{1}{2}$ m」と考える子どもがほとんどでしたが、やはり「$\frac{1}{4}$ m」と考えた子どもも数名いました。しかし、$\frac{1}{4}$ m と考えた子どもも自分自身で「これではおかしい」と気付いたようで困っていました。「これでは、『2 m の $\frac{1}{4}$』と『$\frac{1}{4}$ m』が同じ長さになってしまうから」と言います。

このとき役立ったのが先ほどの図でした。図を見ると「2 m の $\frac{1}{4}$」は「1m の $\frac{1}{2}$」であることがはっきりわかります。1 m をもとにして「$\frac{1}{2}$ m」と表現されるということを改めて確認し、この問題は「$\frac{1}{2}+\frac{1}{4}$」のたし算の式でよいことに納得できました。ただ、この式は分母が異なる未習の式です。発展的な問題ですが、やはり図を使って、「$\frac{1}{2}$ m＝$\frac{2}{4}$ m」だと考え

ることができました。

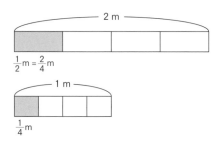

$\frac{1}{2}$ m = $\frac{2}{4}$ m

$\frac{1}{4}$ m

　結局、子どもたちは、答えが $\frac{3}{4}$ m であることに納得できました。

　また、cm の単位で考えると「50＋25＝75 ［cm］」となり、「$\frac{3}{4}$ m」でよいことが裏付けられました。

　情報を精査する必要のある場面を通して、問題解決に必要なもの（情報）と不必要なもの（情報）を区別する体験をすることができました。このような体験を積み重ねることによって、子どもは問題解決に向かう前に慎重に「整理整頓する対象を定める」ことを「整理整頓の思考」として自発的に行っていくようになります。

対象を定めるためのポイント

・子ども間で生まれた情報の整理のちがい（ズレ）を、子どもたちに
　埋め合わせていく。

・必要な情報を検討せざるを得ない状況を、計画的に用意する。

条件を確認する

整理整頓の思考
───────
・対象に備わる特性に応じて整理整頓の仕方を決める。

▽ 整理整頓する上での条件を確認する

　荷物を整理整頓するときに、例えば３段の棚と５段の棚があって、そのどちらに何を置くかということで迷うことがあります。置いた時の見栄えの違いもありますし、置きたいモノの数も考えることでしょう。

　また、それぞれの棚の１段の高さや幅によってモノの置き場所を検討する場合もあるでしょう。このような検討は、部屋の模様替えではごく当たり前に行われていることです。

　算数の授業の中でも、教材の特性や条件によって、問題解決の方法が変わる場合があります。例えば、「〜の場合だったら……、〜の場合だったら……」というように条件に応じて対処の仕方を変えていくような思考です。

　つまり、問題を解決する（整理整頓する）上での条件をしっかり確認し、その上で問題解決に取り組む姿勢が大事だということです。ただしそれは、問題解決を図っていく上で必要となる条件を検討しなくてもよい状況下では、全く機能しません。言い換えれば、「整った問題場面」を教材として授業を行っている間は、子どもから「整理整頓する上での条件を確認する」という「整理整頓の思考」は引き出されないというわけです。逆

に言えば、第１学年であっても、子どもにとって違和感のある教材に出合わせると、「整理整頓する上での条件を確認する」行為を引き出すことができます。そして、「整理整頓する上での条件を確認する」体験の積み重ねが、子ども自らが「もし、〜の場合には……」という条件を仮定して整理整頓する思考を働かせる態度を養っていくのです。

▽「条件を確認する」必要感を引き出す

　「整理整頓する上での条件を確認する」ということは、例えばそのままでは「できない」と認識した事象を、子ども自らが「〜すればできる」と変えていく場で現れます。つまり、子ども自らが把握した学びの対象の特性をもとに整理整頓の仕方を決めるとき、対象そのものを変えることもあります。ただしこれは、学びの対象を子どもが変えることを良しとする教師の心づもりがあってこそ生まれてくる姿です。

1）第２学年「三角形と四角形」で引き出した整理整頓の仕方
　第２学年の「三角形と四角形」の授業を例として示します。
　この単元の一般的な導入では、三角形や四角形の概念形成を促すために３本もしくは４本の直線で特定のものを囲む活動が設定されます。多くの場合、点と点を直線でつなぐという子どもの行為は、教師から一方的に与えられる「点と点をつないで直線で囲みましょう」という指示に従っているに過ぎません。だから教師は、当然のことながら確実に３本もしくは４本の直線で囲むことができる教材を用意しています。
　では逆に、点と点を直線でつないでも絶対に囲むことができない場を子どもに与えたならば、子どもはどのような反応を示すでしょうか。
　私は、右頁図のような動物の絵を提示し、動物園から逃げた動物を杭

（点）と杭（点）を「線」でつないで囲む活動を設定しました。一見すると、一般的な教材と特に変わったところはありません。

　実は、違うのはこの後です。子どもが作業するために配布する絵として次の2つの絵（A、B）を用意しておき、これらを意図的に混ぜて子どもに配布しました。

　Aの絵には、直線でつないでも動物を囲めない場所に点があります。Bの絵は、点と点を直線でつなげばライオンとクマ以外の動物を囲めます。この2種類を混ぜていますから、私は、子どもには直線ではなく「『線』

で囲みましょう」と投げかけました。

　当然のことながら、子どもは2種類のプリントが混在しているということを知りません。だからこそ、線を引き始めてから現れてくる友達のつぶやきや声に対して「（言ってることが）何だか変だ」と思い始める子どもが現れました。

　例えばAの絵を手にしている子は、「直線で描けない」、「曲がった線で囲んでもいいですか？」と言います。既に「長さ」の学習で物差しを使って直線を描く学習をしているので、子どもは自ずと直線を描いて囲みたいと考えていたのでしょう。

　すると、その声を聞いたBの絵の子は、「えっ、直線でも囲めるよ」と言います。私が言った「線」ではなく、「直線」で囲めるかどうかということが子どもたちにとっての問題となってきました。

　そして、周りの友達のプリントを見た子どもたちは、「ずるい！」という声とともに「プリントが2種類ある」ということに気が付きました。

　Aの絵に対しては、「点の場所が上すぎて直線で囲めない」、「点が1つたりない」、「曲がった線じゃなければ囲めない」と口々に否定的な意見が現れます。一方、Bの絵に対しては、「Bならば直線で囲めそう」、「点の位置がこれならよさそう」と肯定的な反応が見られます。

　これらの反応は、対象に備わる特性に応じて整理整頓の仕方を決めようとしている姿だと言えます。そして、AとBの点の位置を対比することによって、Aの絵に描かれた点の位置に関して、「Aも点の場所を変えれば囲める」、「Aの点の数を増やせば囲める」のように、絵の中の点という条件をコントロールしようとする新たな見方が子どもから現れました。これは、そのままでは「できない」条件を「できる」条件に変えていこうとする子どもの思考の具体です。

　一般的な算数授業では、教師は子どもが困らないように確実に活動でき

る場面を用意し、「点と点を直線でつないで囲みましょう」と指示します。そして、言われた通りに活動する子どもの姿を良しとした上で、授業を展開します。この「三角形と四角形」の実践では、私が設定した絵の条件を子どもが変えていくことに価値を置いています。事実、子どもの方から「直線」を意識し始め、直線で囲めるように教材を設定し直していこうとする子どもの「整理整頓の思考」が引き出されました。

なお、この後で、改めてBの絵を全員に配布し動物を直線で囲むことができるかどうか確かめました。すると、Bの絵でもライオンとクマが囲めません。「どうすれば囲めるようになるのか」ということがこの場での子どもの問題となりました。

最初に現れたのは、新しい点を付け加えるというアイデアです。「4つの点だったら囲める」と言います。実際に自分で点を付け加えさせ、ライオンとクマを囲ませました。確かに4つの点だったら囲めます。

また、「点の位置を変える」アイデアも現れました。点の位置を変えれば下図のように3本の直線でも囲めるというのです。

教師のお膳立てを乗り越えて自らの「整理整頓の思考」で獲得された概念は、確かな基礎・基本となるはずです。

2）第4学年「直方体と立方体」で引き出した整理整頓の仕方

　「三角形と四角形」の例では、2種類の絵を配布することで教材の条件設定の違いに気付かせ、問題解決の方法を変えるという「整理整頓の思考」を引き出しました。しかし、同じ1つの教材を与えても、その教材の条件を確認していく中で「～の場合だったら……、～の場合だったら……」というように条件に応じて対処の仕方を変えていくような思考を引き出すことができます。

　第4学年の「直方体と立方体」の単元の中で「立方体の展開図」を扱った授業です。

　導入で右の写真を見せました。

　「キャラメルの箱だ」、「立方体になってる」

　子どもたちはキャラメルの箱という素材に関心を持っています。

　私は、「これと同じ立方体をつくろう！」と投げかけました。子どもたちも乗り気です。

　最初に立方体の特徴を確認すると、「サイコロみたいな形」、「（サイコロの目は1から6）だから正方形が6つでできた形」と言います。

　そこで、下図のように正方形が6つながった厚紙を見せて、「この紙でできますね」と確認しました。すると、「そのままですか？」という質問が現れたので「そうです、これを折り曲げて立方体をつくることができますか」と改めて問い直しました。このように質問する子どもの姿は、整理整頓する上での条件を確認している姿の具体です。

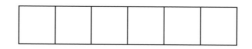

　子どもは、「これではできません」と言います。そして「穴があいちゃ

う」、「正方形があまっちゃう」とも言いました。

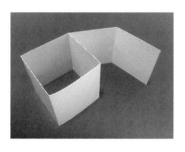

　実際に一人の子どもに折らせてみると、確かにできません（右写真）。

　「困りましたね、この紙ではできませんね」と言うと、子どもは「切ればいい」と言いました。前述の「三角形と四角形」の子どもと同様に、「できない」ものを「できる」ように教材に備わる条件を変えようとする動きです。

　私は、「なるほど！」と「切る」考えを感心しながら認め、「何回切るの？」と問い返しました。つまり、つなぎ目の5か所全部を切ってバラバラの6枚の正方形にするのか、それとも違う回数を切るのかということを聞いたのです。そして、自分が切りたい回数を一斉に指で表させました。ここで大事なことは、切る回数を一斉に表現させるということです。友達の回数を伺うのではなく、自分の素直な考えを表出する場を保障することで、子どもは自他の違いを意識します。

　「せーのー、どん」

　子どもから現れたのは、1回（2つに分ける）、2回（3つに分ける）、3回（4つに分ける）、5回（6つバラバラに分ける）でした。もとは同じ紙ですが、立方体をつくるために個々の子どもがその紙から捉えた条件、情報が異なったということです。つまり、子ども間のズレが生まれました。

　当然のことながら、5回切って6枚のバラバラの正方形に分ければ立方体ができることにはみんな納得します。逆に、「1回切っただけで本当に立方体ができるのかな？」ということが問題になりました。

① 1回切った場合を整理整頓する

　そこで、この紙を1回切る方法が何通りあるか考えてみることにしました。すると、多くの子どもは、元の紙の正方形のつなぎ目が5か所で

すから、1か所切る方法は次の図の①〜⑤の5通りだろうと思っていました。ところが、実際に確かめてみると意外なことに気付きます。

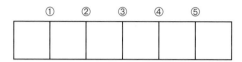

左から順に①、②、③までは確かに大丈夫です。しかし、④を切ると②を切ったときと分けられた紙が同じ形になります。同様に⑤を切っても①を切った場合と同じなのです。だから、1か所切るという方法は次のア、イ、ウの3つだとわかりました。

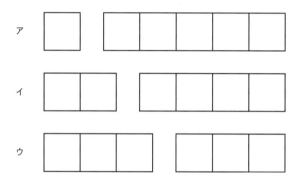

そして、ア、イ、ウそれぞれについて「もし、アだったら……」というふうに、特性に応じて整理整頓の仕方を決めることになりました。

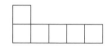

まず、アの場合です。子どもに聞くと、「できない」と言います。念のため右図のように切った正方形を他の場所につなげてみせると、「これでもやっぱり（正方形が）あまっちゃう」と言いました。ですから、「1回切ればできる」という考えはアではないことがわかりました。

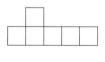

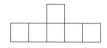

次は、イです。アと同様に子どもに聞くと、「できない」という子どもと「できるかもしれない」という子どもに分かれました。私は、「できるかもしれない」という子どもだけに元の紙を渡し、実際に切らせて確かめさせました。念頭操作で「できない」と判断できることはとても大事なことですから教具がなくてもわかる子どもにはあえて教具を与えません。必要感のない子どもに教具を与えて手遊びの道具になってしまうと逆効果です。だから、手を使って確かめる必要感を抱いている子どもにだけ教具を与えて、イでは立方体ができないことを実感的に理解させるようにしたのです。

　下に示したような形を順次折り曲げながら確かめていくと、どれも立方体ができないということを実感します。ここまで確かめた結果、1回切って立方体ができるとすると、ウの切り方だということになりました。

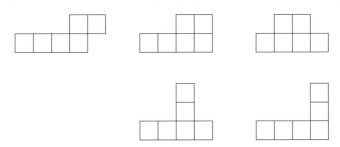

　ウの場合は、3つの正方形がつながった長方形が2つに分かれています。まず、子どもたちにこの2つの長方形で立方体ができそうか問うてみました。ほとんどの子どもが「できる」、「できそうだ」と言います。そこで、2つの長方形をつなぎ合わせてどのような形にするつもりなのか、一斉に手で形を表現させました。つまりそれが展開図の形になります。

　ところが、手で表した形が一致しません。子どもによって手の動きが違います。そこで、今回は全員に元の紙を渡してウのように1回切らせました。そして、最初に自分の考えで立方体ができるかどうか確かめさせ、

その後で友達が考えたつなげ方を試させるようにしました。その結果、次の2通りのつなげ方をすると、立方体をつくることができることがわかりました。ウの切り方という条件のもとで考えを整理整頓した結論です。

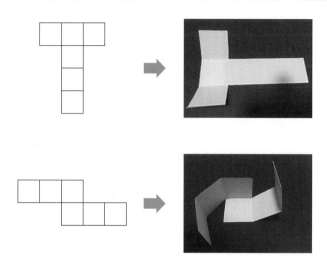

　ウの切り方で確かに立方体ができたところで、最初のサイコロキャラメルの箱を開いてみました（右図）。すると、見つけた2つの形とは違います。

　子どもの中には「（展開図の外側に）箱の外からは見えないところにも紙がある」と、いわゆるのりしろにあた

る部分に興味を持つ子どももいましたが、いずれにしても元の紙を1回切ってできる形ではありません。

　「2回切ればこの形もできるのかな？」という新たな子どもたちの問題ができました。今度は2回切った場合の紙の特性に応じて整理整頓の仕方を決めることになります。

② 2回切った場合を整理整頓する

　まず、もとの紙を単純に2回切る方法にはどのようなものがあるか確認しました。1回切る方法を確認した経験から、同じ形ができないように考えていきます。その結果、下のエ、オ、カの3通りだということがわかりました。

　私はここで、子どもたちに3人組をつくらせ、その3人の中でそれぞれエの担当、オの担当、カの担当を決めさせました。つまり、今回はエ、オ、カのそれぞれの切り方でできる立方体の展開図をクラス全員で一斉に調べるのではなく、役割分担をして調べさせたのです。子どもは、実際に手を使って試行錯誤する中で自分が担当する形の条件を吟味し、確認することになります。そして、立方体ができる展開図を見つけるとノートに記録していきます。個々の作業が終わったら、3人の情報を突き合わせます。

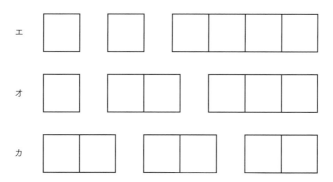

　みんなそれぞれ違う条件で始めた結果ですから、お互いの展開図に興味を持って積極的に話を聞きます。

　まず、エ（正方形が1、1、4）の担当は、次の展開図が簡単にできるということ、そしてこれ以外にはないということ説明します。

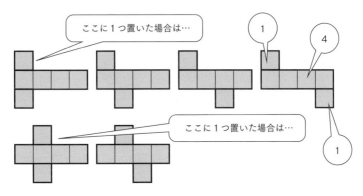

次に、オ（正方形が1、2、3）を担当した子は、次の展開図が簡単に見つけられたと言います。

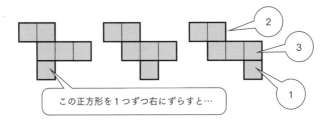

それ以外にも次の形を作っていますが、これらはウやエの場合の展開図と重複しています。

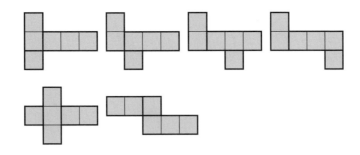

そして、カ（正方形が2、2、2）の担当は、右のような「階段」の展開図を見つけたと言っています。これは、他のエ、オではできません。

カの条件では「階段」以外の展開図もできています
が、調べてみると既にウ、エ、オの考えでできるものと
重複しています。

　3人組でそれぞれの条件の下で見つけられた展開図を整理すると、全部
で11種類の展開図を見つけることができました。つまり、立方体の展開
図を全て見つけられたわけです。

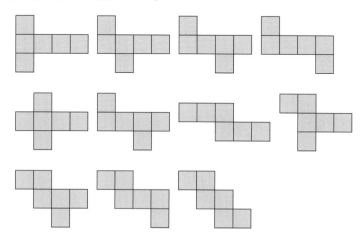

　そのままでは立方体が「できない」をもとの紙を切り分け、それぞれの
切り方によって異なってくる条件を確認していくことで、落ちや重なりな
く展開図を見つけていくこができました。

　また、それぞれの紙の切り方の違いが、展開図を分類整理する視点・方
法、すなわち「整理整頓の思考」となったわけです。

　条件を確認するためのポイント
　・そのままでは「できない」事象の条件を、子どもに「〜すればでき
　　る」と変えさせる場を用意する。
　・子どもと一緒に決めた条件に応じて、問題解決に取り組む。

観点を決める

整理整頓の思考

・「同じ」ものを集めて、まとめる。

・「同じ」と見る視点から、他のものに「同じ」仲間と見なせるもの
　を探す。

▽ 整理整頓する観点を決める

4では、「整理整頓する観点を決める」という「整理・整頓の思考」の
具体について紹介します。

「整理整頓する観点を決める」ということは、部屋の模様替えで言え
ば、例えば「同じ」モノを集めて同じ場所にまとめておくというように、
「同じ」と見なす観点を自覚して部屋の中のモノを観るということです。
そして、「同じ」という観点で見ていくうちに、それまでは同じとは思っ
ていなかった他のモノにまでその見方を広げてみて、新たに「同じ」仲間
と見なせるものを導き出すということもあります。

　算数の授業でも、子どもが「整理整頓する観点を決める」場がありま
す。学習対象の中から「同じ」と見なす集合を見つけたり、集合を作った
りすることがそれにあたります。そして、複数のものを「同じ」という観
点で見直していく中でそれらに共通することを帰納的に見出すような思考
も生まれてきます。また、「これが同じでいいんだったらあれも同じと見
てもいいな……」と他のものにも「同じ」を拡張していくことがありま

す。いわゆる類比的推論を働かせている姿です。

　ところで、学習指導要領の算数科の目標の中に示された数学的に考える資質・能力の一つに、「日常の事象を数理的に捉え見通しをもち筋道を立てて考察する力、基礎的・基本的な数量や図形の性質などを見いだし統合的・発展的に考察する力、数学的な表現を用いて事象を簡潔・明瞭・的確に表したり目的に応じて柔軟に表したりする力を養う」とありますが、この中の「日常の事象を数理的に捉え見通しをもち」は、子ども自身が事象を捉える観点を明確にしない限り実現することはできません。また、「基礎的・基本的な数量や図形の性質などを見いだし統合的・発展的に考察する力」は、平たく言うと前述した「同じ」ものを集めてまとめるとか、「同じ」と見る観点を他のものにも広げて、その中から「同じ」仲間と見なせるものを探すということにあたります。「整理整頓する観点を決める」ということは、学習指導要領に示された数学的に考える資質・能力を育む上でも欠かせないものだということがわかります。

▽「観点を決める」ことを自覚させる算数授業

　では、子どもが「整理整頓する観点を決める」ことを自覚できるようにするには、日頃からどのような算数授業を行っていけばよいのでしょうか。ここでは第5学年の「面積」の授業を例として、その具体に迫ってみます。

1）第5学年「面積」の扱い

　各教科書の第5学年「面積」の単元の指導計画は、大きく次の2つの流れに分けられます。

・平行四辺形⇒三角形⇒台形⇒ひし形⇒多角形

・三角形⇒平行四辺形⇒台形⇒ひし形⇒多角形

　以前から、第5学年「面積」の導入教材は、平行四辺形からがよいか三角形からがよいかという点で意見が分かれます。

　平行四辺形を単元の導入教材とする場合、平行四辺形が既習の長方形に等積変形しやすいので、面積の求積を公式化しやすいというよさがあります。この場合、三角形は平行四辺形（底辺×高さ）を2つに分けた形ですから、三角形の面積は平行四辺形の面積を2でわればよい（底辺×高さ÷2）ということがわかります。

　一方で、多角形の構造に目を向けているのが三角形から導入する立場の考えです。全ての多角形は必ず三角形に分割できます。言い換えれば三角形をつなげればどんな多角形も合成することができるため、三角形の面積を習得しておけば、全ての多角形の面積を求めることができます。だから三角形をまず指導するわけです。

　平行四辺形からの導入、三角形からの導入、どちらにも一長一短があります。しかし、「整理整頓する観点を決める」ことを意識して「面積」の指導計画を見直すと、このような導入の図形の優劣が大事なことではないと思えてきます。子ども自身が図形の面積の捉え方に関して「整理整頓する観点を決める」ことを自覚できるような算数授業では、学習対象となるこれらの図形のつながりや関連を、「面積」という観点をもとにして子どもがどのように整理整頓しながら理解していくのかという認識の過程が大事になってくるからです。

　ところで、第5学年の「面積」は、前の学習指導要領では「量と測定」領域の学習内容でした。それが現行の学習指導要領から新たに「図形」領域となりました。領域が変わるということは、そこでの指導内容や指導上重視すべきことが変わるはずなのですが、「面積」の指導計画自体は前述した2通りの指導計画と基本的に同じなのです。教師が用意した図形を

指導計画に則って順番に扱い、既習の面積の公式を新たな図形に活用しながら個々の面積の公式の習得を目指していきます。

「整理整頓する観点を決める」という見方を大事にして「面積」の指導計画を考える算数授業では、単元全体を通して子ども自らが主体的に図形間の関連を整理整頓しようとする姿を引き出すことを重視します。つまり、一つひとつの図形の公式を別個のものとして指導していくのではなく、面積を切り口（観点）としていろいろな図形を捉え直し、「同じ」見方で面積が求められる図形を「同じ」仲間としてまとめていく過程や、「同じ」見方で面積が求められる図形の仲間を拡張していく活動を大事にします。「同じ」仲間と見なせる新しい図形の集合を見いだすような姿にねらいをおくわけです。だから、当然のことながら、前述の２つの指導の流れとは異なる指導計画となっていきます。まさに教師の工夫のしどころです。結局、私は、次のような「面積」の指導計画のもとで「面積」の授業を展開しました。

第１次　三角形の面積（3 時間）
・図形の面積に対する見通し
・三角形の面積
・三角形の面積の公式
第２次　平行四辺形の面積の公式（1 時間）
第３次　三角形と平行四辺形の面積の関連（3 時間）
・三角形と平行四辺形の面積
・三角形をもとに面積が求められる形
・対角線が垂直に交わる四角形の面積の公式
第４次　台形の面積（2 時間）
・台形の面積の公式
・三角形、平行四辺形、台形の面積の関連
第５次　面積のまとめ（1 時間）

それぞれの授業のつながりによって「整理整頓する観点を決める」子ども
もの姿が必然的に生まれることを意図した指導計画です。特に第３次と
第４次は、子どもが「整理整頓する観点を決める」姿が顕著に表れるこ
とを意図した授業としました。

　例えば、第３次で「台形」の面積の前に「ひし形」の面積を扱ってい
ます。一般的な指導計画では、「台形」の面積を扱った後で、「ひし形」を
取り上げられています。また、多くの場合、特定の「ひし形」を提示し
て、その「ひし形」の面積の求め方が扱われます。しかし、この指導計画
では、特定の「ひし形」を取り上げるのではなく、「対角線が垂直に交わ
る四角形」の集合の中の１つの図形として「ひし形」の面積を扱います。
それは、子どもが面積の求め方を整理整頓していく中で、「対角線×対角
線÷2」で面積が求められる図形という観点を決め、それと「同じ」見方
で面積が求められる図形が多種多様に存在する事実を見いだすことを重視
しているからです。「ひし形」は、あくまでもその中の一つだという捉え
となります。

2）子どもが「整理整頓する観点を決める」教材設定とその考察

　それでは、いよいよ子どもが「整理整頓する観点を決める」ことを意図
した授業の流れを紹介します。ただし、これまで述べてきたように、それ
は単なる１時間の授業の中だけでできるものではありません。単元全体
の学習の流れがとても大事になってきます。

　そこで、指導計画の流れに則り、それぞれの場面でどのような教材を設
定していったのかを述べていくことにします。

①　長方形の半分の面積になる形は……（整理整頓する観点①）

　第１次の導入で、縦４cm、横６cmの長方形の紙を提示しました。そ
して、この長方形から「ちょうど半分になる◯◯◯形を１つ切り取った」

という言葉を言った子どもがいるという場面示しました。黒板に貼った
[   ]のカードの裏にはあらかじめ書かれた言葉（図形の名前）があるこ
とを子どもに伝えて、何という言葉が書かれているか想像させました。

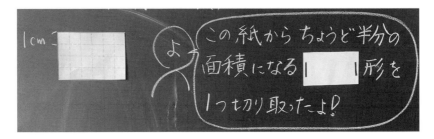

　私が期待していたのは、子どもが個々に想像した言葉（図形）にズレが
生まれるということです。考えた言葉（図形）が一致しないことから、子
どもの中から自然に「本当にそのような図形が切り取れるのだろうか？」
という問題意識を引き出そうと考えていました。それが、「長方形のちょ
うど半分の面積になる図形」について目的意識をもって考える子どもの姿
だからです。また、この教材設定には、図形の「倍積変形」の見方を全て
の子どもに体験させる機会を保障するという別の願いも込めていました。
第5学年の子どもにとって「等積変形」の考えは自然に生まれてくるも
のですが、「倍積変形」の見方はそうではありません。それまでの学習体
験や生活経験の違いによって、できる子どもとできない子どもに分かれて
しまいます。だからこそ、単元の導入で全員が公平に体験できる機会を用
意したわけです。
　私が実際に行った授業では、長方形、三角形、直角三角形、平行四辺
形、台形、ひし形、多角形という答えが子どもから返ってきました。やは
り、子どもたちは「本当にそんな図形が切り取れるのだろうか？」という
問題意識を持ちました。ワークシートを配り、友達の考えを探らせまし
た。その結果、「ちょうど半分の面積になる形」は「長方形を合同な2つ

の図形に分ければいいんだ」ということに気付いたのです。「合同な図形」という観点をもとにそれぞれの図形の「倍積変形」の見方について整理整頓しながら、これから学習する単元に対する見通しを持たせることができました。

　ところで、カードの裏にあらかじめ書いていたのは「三角」（形）でした。子どもたちは既にワークシート上に長方形の半分の面積になる三角形もかいていました。それを順番に取り上げて本当に長方形の半分の面積だと言えるのか確かめていきました。

　最初に取り上げたのは直角三角形です。実際に切ってみました。「合同」という観点を意識しいましたから、2つの直角三角形がぴったり重なることを確かめたのです。その後、他の三角形も調べていきました。しかし、「切らなくてもわかる」と言います。「長方形は対角線で切ると2つの合同な直角三角形に分かれるから」という理由です。そこで、切る代わりに長方形の中のどことどこに直角三角形があるのか書き入れていきました。また、出てきた三角形を下図のように並べかえるアイデアも現れました。

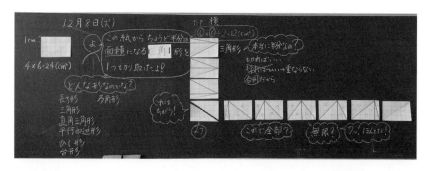

長方形を縦に2つに分ける考えと横に2つに分けて考える考えに分け
るばかりでなく、三角形の頂点が順番に移動していくような見方になっています。

　これがこの時点で子どもが決めた「整理整頓する観点」です。複数の三

角形が全て同じ仲間だというわけです。さらに、三角形をこのように並べた結果、「これ以外にも長方形の半分の面積の三角形が無限にある」と言い始めました。三角形の頂点がマス目の上になくてもよいと気付いたのです。

　そして、どの三角形も「長方形の面積÷2」であり、全て「たて×横÷2」という同じ式で面積が求められるということを導き出しました。

　ただし、三角形だけ見たときには切り取る前のもとの長方形が見えません。その上、三角形のもとになる長方形と言っても下の図のように3種類存在します。この三角形の場合は、3つの長方形の半分の面積になっているわけです。

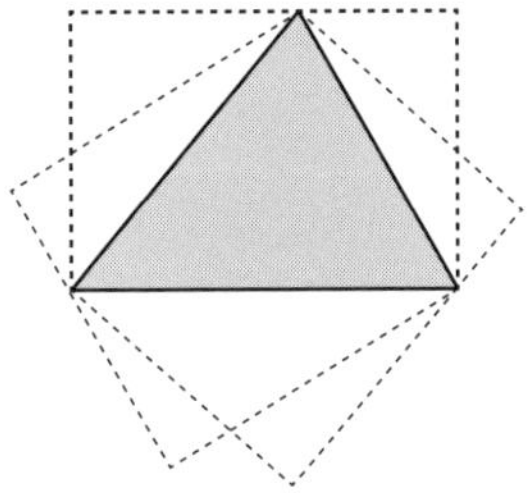

　そこで、新しい算数の言葉を教えました。つまり、「底辺」と「高さ」です。もとの長方形のたて（横）となる三角形の辺を「底辺」と言い、三角形のどの辺でもよいこと、そして、「高さ」は「底辺」を決めたときのもとの長方形の横（たて）にあたるということです。だから、長方形のたてと横にあたる「底辺」と「高さ」は必ず垂直になっているということも確認しました。

② 辺の長さでは平行四辺形の面積はわからない（整理整頓する観点②）

　三角形の面積の求め方を理解したところで、第2次として平行四辺形の面積を扱いました。そこでは、あえて具体的な平行四辺形の「形」を見せる前に、次のような文章を教材として与えました。

5cmと8cmの辺をもつ平行四辺形⑦と、5cmと9cmの辺をもつ

平行四辺形①、どっちの面積が大きいでしょう」

「エッ、簡単すぎ！」「①？」と、子どもは言いました。予想通りの反応です。「そうだよね」と認めて、この段階で平行四辺形⑦と①のプリントを配りました。

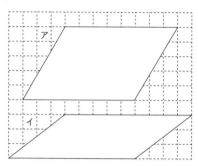

すると、子どもは「アレッ？　⑦っぽい」と言い始めます。問題意識の目覚めです。辺の長さに着目して面積の大小を判断していた自分たちの観点の見直しです。整理整頓する観点を決めようとする思考は、子ども自身に問題意識が生まれていない限り始まりません。

早速子どもたちは⑦の面積の求め方を考え始めました。しかし、困っている子どもはいません。等積変形の考えで長方形にする考えもあれば、既習の三角形の面積の求め方を使う考えもあります。

等積変形　　8×4＝32 ［cm²］

三角形　　　（8×4÷2）×2＝32

　　　　　　8×4÷2̶×2̶＝32

　　　　　　8×4＝32

⑦の面積がはっきりしたところで次は①の平行四辺形の面積を確かめます。子どもは⑦で用いた考えをそのまま活用します。このように1つだけではなく2つの平行四辺形を扱うことで、同じ考え方が使えることを

実感するとともに、平行四辺形の面積を捉える観点が明確になります。つまり、2つの平行四辺形の面積を整理整頓していく中で、辺の長さでは平行四辺形の面積は決まらないということや、たとえ辺の長さが同じであっても様々な平行四辺形が存在するという事実をはっきりさせたのです。そして、平行四辺形の面積を決めるのは「底辺」と「高さ」であるということをはっきりさせました。

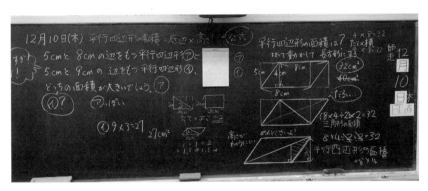

③　このままだと面積はどれも同じになる（整理整頓する観点③）

　　三角形と平行四辺形の面積の公式を学習した段階で、第3次では面積を求める練習から始めました。そこでは、次のア〜ウのデジタル教材を電子黒板上に1つずつ順番に提示していきました。

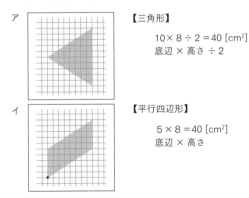

ア

【三角形】
$10 \times 8 \div 2 = 40 \; [cm^2]$
底辺 × 高さ ÷ 2

イ

【平行四辺形】
$5 \times 8 = 40 \; [cm^2]$
底辺 × 高さ

ウ

【平行四辺形】

$$8 \times 5 \div 2 \times 2 = 40 \,[\mathrm{cm^2}]\;?$$

　デジタル教材は動的、連続的に提示することができます。まず、アの三角形の面積を求めます。底辺が 10 cm、高さが 8 cm であることを確認し、ノートに実物大で描かせます。そして $10 \times 8 \div 2 = 40$［cm²］と面積を求めたところで、子どもの目の前でアの三角形の頂点を 1 つ移動させてイの平行四辺形へと変化させます。イの平行四辺形の底辺は 5 cm、高さは 8 cm です。アと同じようにノートに描かせてイの面積を求めさせると、$5 \times 8 = 40$［cm²］となります。今度は、平行四辺形イの 2 つの頂点を移動させてウの図形に変化させます。ウもノートに描かせて、平行四辺形であることを確認します。ところが、ノートに写した平行四辺形の底辺と高さをものさしで測ると中途半端な長さになっています。そのまま「底辺×高さ」の計算をしようとした子どもが、「計算が大変」と言い始めました。ところが、「計算しなくてももう面積はわかる」という意見が現れました。電子黒板で変化の様子を見たこと、そして、ア・イ・ウの図形をノートに写したことによって、3 つの図形を関連付ける観点を子ども自らが見出したのです。特に、ウの平行四辺形は、イと同じく平行四辺形であるにもかかわらず底辺と高さがわかりにくいという事実が子どもの問題意識を誘発し、「底辺×高さ」とは違う別の観点から平行四辺形の面積を捉えようとし始めたわけです。事実、「計算しなくてももう面積はわかる」という子どもはたくさんいて、次のような理由を言い始めました。

　・ア、イ、ウは、どれも 2 つの頂点が左右に平行に動いている。

・どれも底辺 8 cm で高さが 5 cm の三角形が 2 つでできている。

・どれも面積が 40 ㎠になっている。

　形式的に面積の公式を用いることにこだわるのではなく、どれも底辺 8 cm で高さが 5 cm の三角形が 2 つ合わさった図形だという見方がはっきりしました。そこで、第 4 問として新たな図形を提示しようとすると、「それ（提示したデジタル教材）では面積はどれも同じになる」と言い始めました。そこで、タブレット上で同条件の図形を作成させて、それぞれの面積を確かめことにしました。

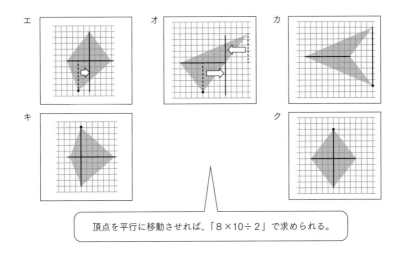

頂点を平行に移動させれば、「8×10÷2」で求められる。

　デジタル教材のよさの 1 つは、子どもが容易に試行錯誤できて図形を作ることに抵抗がないというところです。事実、どの子も上図のような図形をいくつも作っていました。

　それぞれの面積を確認すると、「三角形 2 つでできた形だから全部『8 ×5÷2×2＝40 ［㎠］』となる」と言う子どもがいる一方で、多くの子どもは「8×5＝40 ［㎠］でいい」と言いました。「面積を求める式の『÷2

×2』は消えるから」と考えているのです。その見方は理解するものの、「図形を見ただけでは『8×5』の式はわからないよ」と反論する子どもも現れました。式に着目して面積を整理した意見と、図形の構成要素に着目して面積を考えた子どもの意見のズレです。そこで、「もし、どれも『8×5』の式で面積が求められるならば、この式が表している図形は何なのでしょうか」と問うと、「底辺 8 cm で高さが 5 cm の平行四辺形なのではないか」と言いました。ただしそれは、イやウの平行四辺形とは異なり、例えばキであれば右図の平行四辺形です。結果的に、「8×5」は元の図形を見ただけでは思い浮かぶ式ではないという意見が多くなってきました。

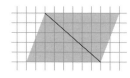

　ところが、「だったら、どれも『8×10÷2＝40 [㎠]』で求められる」という新しい考えが現れました。これは、第 1 次の学習で長方形の半分の面積になる図形の見方を体験していたこと、そして、頂点を平行移動させる図形の等積変形をタブレット上で自分の手で体験したことによって生まれた考えです。つまり、エ（四角形）やオ（三角形）も前頁の矢印のように頂点を移動させれば「（半分になる前の）長方形」がわかると言います。特にキやクの場合は、「8×10÷2＝40 [㎠]」の式は「対角線×対角線÷2」となっていることが確認されました。同じ長さの底辺を持つ 2 つの三角形を組み合わせた形という観点から複数の図形を見直し整理整頓することで四角形の面積を捉える新たな見方を獲得することができました。なお、「対角線×対角線÷2」の見方は、カの四角形に対してもそのまま適用することができることを確認し、底辺と垂直に交わる 2 つの三角形のそれぞれの高さの合計を使っているという見方に納得しました。

④ 三角形、平行四辺形、台形の面積の公式は実はどれも同じだ（整理整頓する観点④）

第1次～第3次までの学習を活かして台形の面積の求め方を確認した後の時間、「（□＋□）×4÷2＝16 ［㎠］」で面積が求められる図形をタブレット上で作らせました。当初、子どもは面積が16㎠になる台形の公式に当

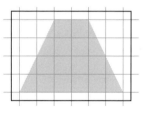

てはまる□の中の数を調べるつもりで取り組んでいました。

ところが、いくつか調べていくうちに2つの□の中に入る数の和が8であれば面積が16㎠で一定であることに気付いた子どもから、次のような質問が現れます。

「□の中に同じ数を入れてもいいですか？」

「□の中に0を入れていいですか？」

□の中に同じ数、つまり4と4を入れると平行四辺形に、そして□の中に0と8を入れると三角形になってしまうということに戸惑いを感じているのです。逆に、この戸惑いと式という事実から、三角形、平行四辺形、台形の面積の公式はそれぞれ別々でばらばらな存在なのではなく、実は同じ仲間であるという関係を確認することができました。

子ども自らが問題意識を抱き、自分で「整理整頓する観点」を決めて学習対象を見直すと、既習の見方を振り返るとともに、それまで意識していなかった新たな見方や考え方を獲得することができるのです。

観点を決めるためのポイント

・1つの教材だけでなく、複数の教材を比較し関連付けていく状況を用意する。

・「同じ」と見なせる他のものを、子どもが作る場を設定する。

順番に着目する

整理整頓の思考

- すぐに整理整頓できそうなもの（わかること）と、時間がかかりそうなもの（わからないこと）に分ける。
- 整理整頓する基準を設けて、まず、次に、そして……と整理整頓を進める段取りを検討する。

▽ 整理整頓する順番に着目する

　部屋の模様替えは、適当にその場の思い付きで進めていると、逆に部屋中が荷物だらけになって収拾がつかなくなってしまいます。大事なことは、部屋の模様替えの進め方に関する見通しを持っているかどうかです。

　見通しを持つために最初にすべきことは、部屋にあるモノがすぐに整理整頓できるものなのかどうかという視点でしっかり見るということです。簡単に移動できるものもあれば、重くて動かしにくいものもあります。あるいは丁寧に扱わないといけないものや一度分解してから移動させ、その後組み立て直すものもあるでしょう。つまり、模様替えをするのに時間がかかるものもあるわけです。それらの区別をしっかりしておくことが、模様替えをスムーズに行う上での前提となるわけです。

　モノの区別ができたところで、次に見通しとして意識すべきことは模様替えの順番です。移動させる順序を間違うと、全く事が運びません。「まず、〜を動かして、次に〜して、それから〜をする……」このように順序

立てて進めていくことができれば、スムーズに整理整頓することができます。

　見通しを持って事を進めるということは、算数でこそ大事になる「整理整頓の思考」です。子ども自身が問題を発見しても、最初に「見通しを持つ」という整理整頓ができなけば問題解決に手間取ります。

　考えてみると、「見通しを持つ」ということは、これまでの算数授業づくりの中でもよく言われてきたことです。だから、「見通しを持つ」と言えば、教師が「(問題を解決するために)どうすればよいか考えましょう」と発問することだと捉えている方も中にはいらっしゃいます。しかし、「整理整頓の思考」としての「見通しを持つ」ということは、そういうことではありません。大事なことは、子どもが自ら考えを進めていく上での段取りを意識できるようになることなのです。

▽「順番に着目する」ことのよさを自覚する算数授業

1）数学的活動と「整理整頓の視点・方法」

　算数科の学習指導要領に位置付けられている「数学的活動」は、子どもの数学的な問題発見や問題解決の過程を重視したものだと言われています。そこでは、子どもの素直な疑問や問いをもとにした問題意識の明確化が求められています。このような子どもの問題意識は、言わば子どもが考えてみたい、はっきりさせたい「思考のめあて」と言うべきものであり、「どのように計算したらいいのかな？」というように子ども目線の言葉で現れます。また、「思考のめあて」は子どもの問題意識なので、1時間の授業の中でも変容していきます。だから、授業の終末場面で新たな「思考

のめあて」が生まれてくるような授業もあります。子どもの問題意識の表れである「思考のめあて」は単元全体をつないでいく柱となるものであり、子どもの学びは常に「思考のめあて」を変容させながら深まっていくものだと考えておくとよいでしょう。

　見方を変えると、このような「数学的活動」が実現される授業では、子どもが連続的に「振り返り」を行っています。最初の「思考のめあて」が生まれるときには既習に対する「振り返り」が、そして「思考のめあて」を変容させる場面では、その時点までの学習に対する「振り返り」が行われているわけです。算数を学ぶ子どもは、1時間の授業の中で小さな「振り返り」を何度か行いながら「思考のめあて」を変容させるとともに、変容させる根拠を意識するときに子どもの数学的な見方・考え方が機能していると捉えています。つまり、この「数学的な見方・考え方」が子どもの「整理整頓の視点・方法」だということです。

　ところで、既存の算数科の教育課程は、算数数学の観点から単元の指導計画が構成されています。それは、大人の立場、即ち子どもに算数を指導する側の理屈が基になっているということです。

　例えば、第1学年の「繰り下がりのあるひきざん」（以下、「ひきざん(2)」と表記）の指導計画も同様で、多くの場合、「減加法→減々法」、「減々法→減加法」、「減加法と減々法を同時に」の3つの立場から指導計画を立案し、授業者が設定した数値や場面を突然子どもに与えて指導にあたります。そして、多くの教師はこのような指導が当たり前のことだと思っており、何の疑問も抱いていません。ただ、子ども自身が問題を発見し、自らの問題意識を変容させていく過程を指導計画として具体化しようと考えたとき、現行の指導計画では大事なことを見過ごしているのではないかと思います。それは、繰り下がりのあるひき算と出合ったときの子どもの疑問や問いの具体です。

「12-3」というような授業者が定めた特定の数値を扱う授業の場合、与えられた1つの場面に対する疑問や問いは引き出されるものの、子どもには「繰り下がりのあるひき算の世界」の広がりは意識されていません。私は、繰り下がりのあるひき算の単元の導入で最初に引き出すべき子どもの疑問や問いは、「(十何)-(いくつ)」のひき算の中に繰り下がりの有無が存在するという気付きや、繰り下がりのあるひき算の世界の広がりに対する疑問、そしてそのような繰り下がりのあるひき算の計算の仕方に対する問いであるべきだと思います。

では、このような子どもの問題発見から始まる単元の指導計画とはどのようなものになるのでしょうか。そこで、第1学年「ひきざん (2)」の単元の指導計画の中でも、特に導入段階に焦点を当てて検討してみます。

2)第1学年「ひきざん (2)」の指導

子どもの問題発見をもとにして「(十何)-(いくつ)」の繰り下がりのあるひき算を指導する場合、私は上に記したような疑問や問いを引き出すことを大事にしたいと考えています。そのため導入では、「(十何)-(いくつ)」のひき算カードを「くじ引き」として扱うことにしました。くじ引きの「あたり」は繰り下がりのあるひき算の式、「はずれ」は繰り下がりのないひき算の式とするのです。そして、「あたり」と「はずれ」に書かれた式をきっかけとして、それらの違いに対する子どもの気付きを引き出そうと考えました。それは、例えば次のような子どもの言葉です。

○「あたり」の仲間のひき算は他にもあるかな？
○「あたり」のひき算は他にどのようなものがあるかな？
○「あたり」の中に計算できそうな式があるのかな？
○どのように計算すればいいのだろう？

つまり、導入では、例えば「12－3」というように1つの式に焦点を当てて計算の仕方を考える従来の授業とは異なり、子ども自らが繰り下がりのある式を見いだし、複数のひき算の式を比較する中で子ども自らが計算の仕方について考えていくような授業を実現したいのです。そして、子どもが繰り下がりのあるひき算の計算の仕方を考えていくときに、見通しを持って考えるという「整理整頓の思考」を引き出し、価値付けていきたいと考えます。実際の授業は、2時間扱いで行いました。

3）「整理整頓する順番に着目する」ことのよさを自覚する算数授業（第1時）

① 第1時の目標

　「あたり」と「はずれ」のくじに書かれたひき算の式の違いに気付き、一の位からそのまま引けないひき算（繰り下がりのひき算）の計算の仕方に対する問題意識や、ひき算の世界の広がりに対する問題意識を持つことができる。

② 学習活動の流れ

```
1.「くじ引き」をする【問題発見】
　●どのくじにもひき算の式が書かれている
　●「あたり」と「はずれ」の式は仲間が違う！
　●「あたり」は……
2.「あたり」のくじを作る【見通しを持つ】
　●「あたり」の式はまだ他にもあるよ
　●「あたり」の式の作り方がわかった
```

　授業の導入では、「くじ引き」を行いました。黒板に8つの封筒を貼

り、8人に子どもにくじを引かせます。封筒の中にはカードが入っています。カードの表には「あたり」、「はずれ」の言葉が、そして裏にはひき算の式を書いてあります。ちなみに用意していた「あたり」と「はずれ」は次のような式です。

| あたり | 「12−3」、「17−8」、「18−9」、「11−2」、「15−7」 |
| はずれ | 「17−6」、「12−2」、「18−3」 |

　これら8つの式を1つずつ確かめていく中で、「あたり」と「はずれ」に書かれた式の違いに対する子どもの数学的な視点からの気付きを引き出したいと考えていました。

　最初は、1人が1枚ずつ封筒の中からカードを取り出し、表の「あたり」と「はずれ」だけを見せて、単なる「くじ引き」を行っていきました。しかし、教室の前方の座席の子どもが、途中から「カードの裏に何かの式が書いてある」ということに気がつきました。そこで、「あたり」と「はずれ」のカードの裏に書かれた式を交互に見せていくことで式の数値に着目させるようにしました。

　すると、子どもたちは、「あたりにはきまりがある」と言い始めました。

　子どもから最初に現れたきまりは「同じ答え（9）になる式があたり」というものでした。ひいた「あたり」のカードが右のような順だったためにそう思ったのでしょう。しかし、「15−7」によって、「答えが9で同じものがあたり」ではないことがはっきりしました。

　ただし、このような考えをした子どもは

実際にひいたカード順	
あたり	はずれ
「12−3」	「17−6」
「17−8」	「12−2」
「18−9」	「18−3」
「11−2」	
「15−7」	

ほんの数人だけでした。なぜなら多くの子どもは繰り下がりのあるひき算の計算ができないからです。未習のひき算なので当然のことなのですが、逆に「答えが同じ」と言っていた数人の子どももこの段階で既に計算できていたわけです。どこの学級でもこのようなことはあります。しかし、この授業では計算ができることだけをねらっているわけではありませんから、逆に答えが計算できる彼らにとっても「何があたりで、何がはずれなのか」という明確な問題意識が生まれることになりました。

　ただ、どの子も「あたり」の式も「はずれ」の式も「1〇−□」の形のひき算の式になっているところは同じだと気付いていました。そこで、改めて「1〇−□」の形の式で「『あたり』は他にもあると思いますか」と尋ねてみました。子どもたちは「ある」と言うので、「あたり」だと思う式を書かせてみると、子どもからは次の式が現れました。

> 「17−9」、「13−4」、「16−8」、「11−8」、
> 「10−1」、「11−5」、「13−5」、「15−6」

　どのように式を作ったのか問うと、「答えが10より小さくなるようにした」とか、「ひく数の一の位の数をひかれる数の一の位の数よりを大きくした」と言います。改めて「あたり」と「はずれ」の式を比較して、「あたり」の仲間は「答えが10より小さい」式であり、「一の位の数がひかれる数よりひく数が大きい」式であるということが確かめられました。やはり子どもは、「（あたりの式は）このままでは一の位がひけない」ということに目を向けました。そして、これらのひき算の式は今までの算数では計算したことがないということに気が付いたのです。これが「整理整頓の思考」を働かせている子どもの姿です。

　すると子どもは、「1〇−□」の形になる「あたり」の式はこれだけで

終末場面で扱われるひき算カードを並べる活動と同じようなものです。た
だ、整理する観点を決めて順序良くカードを並べていく行為自体は似てい
ますが、計算できるようになった段階で扱うのか、答えの求め方がわから
ない段階で扱うのかという点で活動の意味が全く異なります。

　この実践では、まだ自分たちには計算できない「1〇－□」のひき算の
式がどれだけ存在するのかというひき算の世界の広がりに対する意識が強
調されました。また複数のひき算の式を見比べることで、被減数と減数の
一の位の数の関係に目をつける見方が自然に意識されるようになりまし
た。「整理整頓する順番に着目する」ことで、今までとは全く異なる展開
の授業が実現できました。なお、このことからもう一つ言えることがあり
ます。それは、「整理整頓する順番に着目する」ことのよさを自覚するこ
とは、授業を設計する教師自身にも求められるということです。

　なお、この授業では、カードを整頓し終えた段階で、「答えがわかりそ
うな式はありますか？」、「わかりそうな式はどれですか？」と聞いてみま
した。すると、「『1〇－9』ならわかりすい」、「ひく数が小さいひき算が
わかりやすそう」という考えをする子どもがそれぞれ8割程度いました。
複数の式を見比べることによって、共通点を見いだそうとする子どもの思
考が促されるとともに、未習の計算の仕方に対する見通しを持ち始めたわ
けです。そして、子どもが見通しとして意識したことを取り上げ、「本当
に『1〇－9』なら答えがわかりすいのか」という問題意識を次時につな
いでいくことにしました。

　子どもの問題意識は、彼らの「整理整頓の思考」によって変容していき
ます。特に「整理整頓する順番に着目する」と、既存の授業とは異なる子
どもの様相を観ることができました。また、本実践のように複数の式を比
較する中で計算の仕方に対する見通しを持たせる方法は、子どもの問題意
識の変容という点でも自然なものであり、減法以外の計算単元においても

価値のある指導方法です。特にそれは、計算の世界を自ら拡げていこうとする態度を子どもに育むという点においても有効な指導法だと言えるでしょう。

> 順番に着目するためのポイント
> ・子どもの問題意識の変容の順番を想定した教材設定と授業展開を構想する。
> ・問題意識を、解決する見通しを子ども自らがもてるような状況・情報を整える。

方法による違いを検討する

整理整頓の思考

- 「もし、〜したら、……なる」と整理整頓の仕方を吟味する。
- 並び替えた場合を対比する。

▽ 整理整頓の仕方による違いを検討する

　部屋の模様替えのように身の回りのモノやコトを整理整頓する場合、「これをここにおいて、あれをあそこにおいて……」と整理整頓の仕方をイメージすると思います。限られたスペースでの物の置き方にはいろいろな制約がありますし、物の大きさや配色、利便性等、いろいろなことを考えて、その中で自分が「よし」と思う配置を最終的に決めています。こういう場合、「もし、これをここに置いたらあれが置けないし…」とか、逆に「ここにこれを置けば、雰囲気も変わってくるなあ」等の思いを巡らせていることでしょう。つまり、「もし、ここにこれを置けば…」という思考は、文字通り「整理整頓の仕方による違いを検討している」姿です。このように模様替えの構想を練っている段階で、あるいは模様替えを行っている真っ最中に整理整頓したいモノの置き場所を変えたらどうなるだろうかと検討する営みは、最適解、納得解を得たいがために行っている姿だと言えます。

　このように「整理整頓の仕方による違いを検討する」という「整理整頓の思考」は、算数の授業でもよく用いられています。

例えば、第3学年の「たし算」の授業で、次のような筆算形式の□の中に①～⑨の数字カードを当てはめて正しい筆算を完成させる場面です。「もし、この□に～の数を入れたら…なる」ということを考えながら試行錯誤して、条件を満たす筆算をつくっ

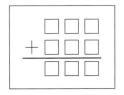

ていきます。うまくいかない場合に数字カードを元に戻して新たに置き直すという行為は、まさに「整理整頓の仕方による違いを検討する」姿だと言えます。

　あるいは、第4学年の「四角形」の図形領域の授業で四角形を仲間分けしていくときに、「もし、図形Aが直角のある仲間だとすれば、図形Bと同じ仲間になる」「でも、図形Aが平行な辺がある四角形の仲間だとすれば図形Cと同じ仲間になる」という思考も「整理整頓の仕方による違いを検討する」具体的な姿だと言えます。

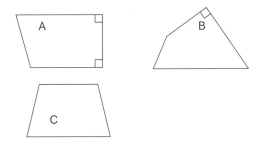

　つまり、「整理整頓の仕方による違いを検討する」という「整理整頓の思考」は、子どもが教材の仕組みを確かめる中で問題を発見したり、その問題の解決に向けて教材を吟味したりする場面で機能しています。子どもが「整理整頓の仕方による違いを検討する」姿を「数学的な見方・考え方」を働かせている一つの具体だと捉えると、教師も算数の授業の中で目指すべき子どもの姿が具体的にイメージできるとともに、的確に子どもの

姿を評価することができます。

▽「方法による違いを検討する」ことを自覚させる算数授業

　ここでは、「整理整頓の仕方による違いを検討する」ことを子ども自身が自覚する算数授業の具体について、第5学年の「小数のわり算」の授業を例として迫っていきます。

1）第5学年「小数のわり算」の意味理解

　第5学年「小数のわり算」は子どもにとって難しい学習内容の1つです。特に、次の2つの意味理解に難しさを覚える子どもが多くいます。

- 「○÷小数」という演算の意味理解
- 「○÷小数」の計算処理の仕方の意味理解

　ここでは、前者の演算の意味理解の学習における「整理整頓する数学的な見方・考え方」に焦点を当て、「整理整頓の仕方による違いを検討する」ことによって、「○÷小数」の意味理解を確実なものにしていきます。

　実際の授業では、「○÷小数」の意味理解に困っている子どもから次のような反応が現れますから、教師もすぐに把握することができます。

- 文章問題の中に出てくる2つの小数を見て、「どっちをどっちでわればいいのかわからない。
- それ以前に「かけ算になるの？　わり算になるの？　何算になるの？」と、演算それ自体が決定できない。

　これらの悩みは、本単元までの「数と計算」領域の学習において文章問題の表現等を頼りになんとなく演算を決定してきた子どもが抱きやすいものです。言い換えれば、演算を判断する根拠が子どもの中に存在しない、もしくは根付いていないというわけです。

そこで、授業を設計する段階から、授業のコンセプトとして「整理整頓の仕方による違いを検討する」という「整理整頓の思考」を意図的に取り入れ、かけ算とわり算の違いを自ら整理整頓しようとする子どもの姿を引き出そうと考えました。

2）本時の位置づけ（指導計画）

　本時は「小数のわり算」の単元の第4時であり、「整数÷小数」のわり算の意味及び計算の仕方の学習をした後に行いました。子どもが初めて「小数÷小数」の演算と出合う授業です。なお、当然のことながら「小数のかけ算」は学習済みです。

　　第1次　整数÷小数……3時間
　　第2次　小数÷小数……5時間（本時第1時）

3）子どもが「整理整頓の仕方による違いを検討する」教材設定

　この授業では次の文章問題を教材として与えました。

> □ ㎡ぬるのに 5.76 dL つかうペンキがあります。
> このペンキで□㎡ぬるには、何 dL 必要ですか。

　2つの数値が□抜きとなっている条件不足の文章問題です。ただし、□に当てはめるカードとして 1 と 3.2 の2枚のカードをあらかじめ用意してあります。そして、この2枚のカードをそれぞれ2つの□のどちらに入れればよいのかを検討するのです。

　つまり、次頁のように2つの□の中に入れた 1 と 3.2 の順番の違いによって、問題の意味が変わるのか、それとも変わらないのかということが

子どもにとっての最初の問題となります。そして、もしカードの入れ方で問題の意味が変わるとしたら、初めの□に ① を入れた場合と 3.2 を入れた場合で何がどのように変わるのかということが子どもにとっての次の問題となります。このように子どもから段階的に生まれてくる問題意識を解決していくような授業の中で子どもが働かせる思考は、「もし、最初の□の中に ① を入れて、3.2 をもう一つの□の中に入れると……」というように、カードの入れ方に応じて問題場面を場合分けしながら整理整頓していくものになるわけです。

---

① ㎡ぬるのに 5.76 dL つかうペンキがあります。
このペンキで 3.2 ㎡ぬるには、何 dL 必要ですか。

3.2 ㎡ぬるのに 5.76 dL つかうペンキがあります。
このペンキで ① ㎡ぬるには、何 dL 必要ですか。

---

4)「整理整頓の仕方による違いを検討する」子どもの姿

本時は、次の目標のもとで行いました。

文章問題中の 2 つの□の中に入れる ① と 3.2 の順番によって乗法と除法が入れ替わることを数直線図を用いて説明することを通して、除数が小数の等分除の除法では 1 にあたる量を求めているという意味理解を確かなものにすることができる。

□抜きの文章問題を板書していくと、早速、子どもから「これではわか

らない」という声が現れました。当然の反応です。そこで、すかさず1と3.2のカードを見せ、「□の中に入れるのは、この数です。これでもうわかるでしょう？」と投げかけました。

このとき、もし子どもから何も反応が現れなければ、□に入れる数の順番は関係ないと思っていることになります。だから、ここでの教師の役割は、子どもの反応をしっかり見取るということです。余談ですが、このように子どもの反応を捉える場を意図的に焦点化して設けていると、子どもの細かい所作や表情の変化まで見取りやすくなります。

実際の授業では「どっちがどっちですか？」という声が現れました。この声は問題場面の情報を整理整頓し始めようとする思考の現れです。しかし、私はあえて「どういう意味ですか？」と問い返しました。すると、子どもから「□の中に入れるカードの順によって答えが変わりそう」、「かけ算？わり算？」という反応が返ってきます。想定通りの子どもによる問題発見の場面となりました。ただ、おもしろかったのは、同時に現れた「ペンキの量がぬる面積に比例していなければ答えはわからない」という意見です。この子は、ペンキの量がぬる面積に比例している場合と比例していない場合を比べて問題場面の構造を整理しようとしていたのです。これはかけ算やわり算の演算が成立する前提となる考えであり、とても大事な考えだと称賛しました。

1、3.2のカードの入れ方で答えが変わりそうだという考えを受けて、2通りのカードの入れ方の場合をそれぞれ確かめることにしました。当然ながらペンキの量がぬる面積に比例していることを前提としています。

まず、□の中に1、3.2の順で入れた場合から答えを考えます。

---

1 ㎡ぬるのに 5.76 dL つかうペンキがあります。
このペンキで 3.2 ㎡ぬるには、何 dL 必要ですか。

子どもは、既習の「小数のかけ算」
や「整数÷小数」の経験をもとに、数
直線に表せば「かけ算なのか、わり算
なのかがはっきりする」と考えまし
た。

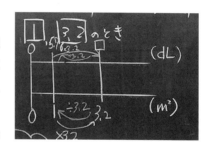

　「最初の□が1だから1 ㎡の上が
5.76 dL で、後の□が3.2だから3.2 ㎡の上は答えのペンキの量になる
……」、だから「5.76×3.2＝18.432［dL］」になるということで納得しま
した（右図）。
　次は3.2、1の順にカードを逆に入れた場合です。

3.2 ㎡ぬるのに 5.76 dL つかうペンキがあります。
このペンキで 1 ㎡ぬるには、何 dL 必要ですか。

　先ほどと同様に数直線に表していくと、下図が完成しました。数直線を
書いていく途中の説明は、「最初の□が3.2だから3.2 ㎡の上が5.76 dL
で、後の□が1だから1 ㎡の上が答
えのペンキの量になる……」と□の中
に入る数による場合分けをしていきな
がら整理しました。そして、この場合
は「□の3.2倍が5.76（□×3.2＝5.76）
だから、□は5.76÷3.2のわり算で求
められる」と説明しました。

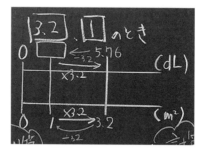

　つまり、□に入る数が逆になるだけで、同じ文章問題がかけ算になった
りわり算になったりするという事実が見えてきたのです。板書でも2つ
の数直線を対比するように並べて書いていましたから、子どもは自然と2

つの数直線を見比べました。そして、面積を表している下の数直線自体は全く同じものであることに気付きました。違うのは上の数直線に表されたペンキの量の位置なのです。答えであるペンキの量を表す□と 5.76 の位置が逆になっています。求めたい答えを表す□が 1 の上にある場合には「5.72÷3.2」のわり算になり、1 の上に 5.72 のような数が書かれているときには「5.72×3.2」のかけ算になることがはっきりしました。

　「整理整頓の仕方による違いを検討する」という「整理整頓の思考」に焦点を当てて算数の授業を行ってみると、子どもの素直な見方として 1 、 3.2 のカードの入れ方が異なる場合を対比する考えが自然に現れました。整理整頓の仕方による違いを積極的に意識するような教材設定は、子どもが働かせている見方や考え方を顕在化させるので、教師も把握（評価）しやすくなります。

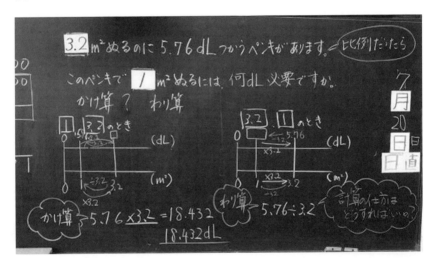

　なお、この授業の最後には、「5.72÷3.2 の計算の仕方はどうすればいいの？」という新たな問題が子どもから生まれたことを申し添えておきます。

方法による違いを検討するためのポイント
・2通りの場合が想定される教材設定とし、それぞれの場合のちがい
　と共通点に目が向かうようにする。

結果をもとの状態と比べる

> 整理整頓の思考
>
> ・もとの状態からの変容を確認する。
> ・やってみた結果を見て、再びやり直す。
> ・いつでも、誰にとってもいい整理整頓になっているか検討する。

▽ 整理整頓した結果をもとの状態と比べる

　本項では、「整理整頓した結果をもとの状態と比べる」という「整理・整頓の思考」の具体について紹介します。

　例えば自分なりの思いがあって部屋の模様替えをするとき、部屋の整理整頓がひと段落ついたところで、もとの部屋の状態と比べてみます。そして、イメージ通りの模様替えとなっているかどうかチェックするわけです。予想通りの良い雰囲気になっていればそのままでいいのですが、イメージと違うと感じたり、逆に前より悪くなったと感じるようでは困ります。整理整頓の仕方に軌道修正を図ったり、ひどいときには最初から模様替えのやり直しです。より良い部屋にするために他の整理整頓の仕方を検討して、より良い模様替えを目指して再挑戦するわけです。

　ところで、現行の算数科の学習指導要領の中に出てくるキーワードの1つに「振り返り」という言葉があります。例えば「数学的活動の取組における配慮事項」の中にも、「友達と考えを伝え合うことで学び合ったり、学習の過程と成果を振り返り、よりよく問題解決できたことを実感したり

する機会を設けること」とあります。本章で示している「整理整頓した結果をもとの状態と比べる」ということは、模様替えの例のようにまさに「振り返り」にあたる思考です。ただ、「整理整頓の思考」としての「振り返り」は、整理整頓が全て終わった段階で1回だけ振り返るということではありません。整理整頓をする途中で幾度か振り返る場合もあります。それは、子ども自身が確かめてみたいと思ったときが「振り返り」の機会だというわけです。だから、「整理整頓した結果をもとの状態と比べる」という「整理整頓の思考」は、算数授業の中で子ども自身がもとの状態と今の状態とを比較したくなるような状況を整えていくことによって、子どもから引き出すことができます。

▽「結果をもとの状態と比べる」思考を子どもから引き出す算数授業

　ここでは、「整理整頓した結果をもとの状態と比べる」思考を子どもから引き出す算数授業の例として、第4学年の「複合図形の面積」の授業の様子を紹介します。

　「複合図形の面積」を扱う一般的な授業では、多くの場合、教師が子どもに与えた特定の複合図形の面積の求め方を考えていきます。しかし、ここで紹介する授業はちょっと違います。

1)「整理整頓した結果をもとの状態と比べる」思考を子どもから引き出す布石としての教材設定

　まず、ある図形の面積を求めるためによしお君（架空人物）が書いた式を提示し、その式をもとにしてどんな図形の面積を求めようとしたのか検討させることから始めました。これは、子どもから「整理整頓した結果をもとの状態と比べる」思考を引き出すための布石となる教材設定です。

実際の授業では、導入で「ある図形の面積を求めるためによしお君が書いた式を見せます」と言って、封筒の中から式を書いた短冊カードを少しずつ引き出し、「4×6」まで見えたところで止めました。

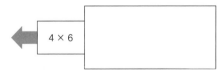

　そして、「どんな形の面積を求めているのでしょう?」と問うと、子どもたちは「縦4cm、横6cmの長方形」、「面積は24cm²」と言いました。ここでの確認によって、式から図形をイメージするという見方を子どもたち全員に意識させることができ、「4×6」の式に対する見方を揃えることにもなりました。

　ただ、短冊カードが完全に封筒から出ていませんし、封筒自体の大きさから推察して「この式にはまだ続きがあるのではないか」と考える子どもが何人もいました。そこで、事実を確認すべく短冊カードをさらに引き出して見せることにしました。すると、まず、「+」が見えました。子どもからは、「やっぱり」という声とともに「+ということはくっつく?」という反応が現れました。さらに「4」「×」「3」と1文字ずつ式が現れてくる度に、その文字情報を子どもは真剣に解釈していました。そして、「なるほどね、わかった」、「図形をかいていいですか?」という声が耳に届き始めたのです。

　全体の式が「4×6+4×3」であることを確認した上で、改めて「どのような形なのだろう?」と問い、子どもたちが個々にイメージした形をノートにかかせるようにしました。

　「4×6」の式を「縦4cm、横6cmの長方形」とイメージしていたので、多くの子どもたちは最初に「縦4cm、横6cmの長方形」をかき、これに新たな形が付け加えようとしていました。すると、形をノートにか

き始めた子どもの中から、「もう一つ
かいていいですか？」という質問が現
れたのです。自分が最初にイメージし
た形をノートにかいていく中で、新た
な考えが閃いた子どもです。

　この質問が現れた背景を解釈する
と、この子は面積の求め方を表した式
に対する自分自身の見方を意識し、改
めて式と形の対応を検討しています（振り返り①）。つまり、この姿が
「整理整頓した結果をもとの状態と比べる」思考の第一歩だと考えられま
す。いわゆる「振り返り」を主体的に行っている子どもの具体的な姿であ
り、振り返った結果、この式で面積が求められる形は一つだけじゃないと
いうことに気付いたわけです。

　なお、この事実は、よしお君の書いた式を見せるという教材提示の仕方
が、式や図形に対する子ども自らの「数学的な見方・考え方」を子どもに
自覚させるメタ認知的な効果があったということを示しています。

　子どもたちが個々にイメージした形をかいたところで、ノートを持って
教室内を自由に移動してお互いの図形を見合う場を設けました。目にする
友達のノートの中には自分がかいた図形と同じ図形もあれば、全く異なる
図形があることに気が付きました。「4×6＋4×3」で面積が求められる図
形は「いろいろある」という驚きが、子どもたちの問題意識を誘発しまし
た。つまり、友達がかいている図形に対して「この形も 4×6＋4×3 で面
積が求められるのかな？」という疑問を抱く姿や、友達の図形が刺激と
なって「だったら新しい形もできそう」と自分の見方をさらに広げようと
する姿です。

　これらは、式や図形を関連付けて整理整頓しようとする子どもの姿の表

れです。だから、そのような姿を「式と図形の面積がどのようにつながるのかしっかり考えている姿が素晴らしいね」と肯定的に認め称賛するとともに、式や図形に対する見方として価値があるということを伝えました。

　以上のことから、式からイメージされる図形が一意に定まらない教材設定としたことは、式や図形に対する子どもの「数学的な見方・考え方」を刺激し、子どもに自らの見方を振り返らせる効果があったと言えます。

2）「結果をもとの状態と比べる」思考を子どもに自覚させる教材へと転換

　「4×6＋4×3」の式で面積が求められる形は一意に決まらないという事実が確認され、ますます「もとの図形はどんな形なのだろう？」という問題意識が生まれたところで、「よしお君が見た図形がこの中にある」と伝えて次の図を黒板上に示しました。

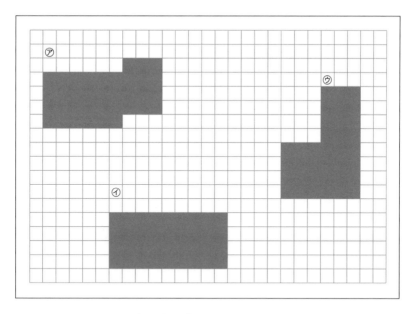

　子どもたちは、早速⑦、⑦、⑦の形の面積が「4×6＋4×3」の式で求

められるのかを検討し始めました。すると、「④の形の面積を『4×6＋4×3』の式で求めるのはおかしい」という声が現れました。これは私にとっては予想通りの反応です。なぜなら、この反応が出るのが必然となるように授業の導入場面でよしお君の式を解釈する活動を行っていたのです。だから私は、よしお君が書いた式のことを「子どもから『整理整頓した結果をもとの状態と比べる』思考を引き出すための布石」と表現しました。

　事実、子どもは「もし④だったらならば、『4×9』の式で面積を求める」、「わざわざ4×6と4×3に分けなくてもいい」と言いました。そして結果的に、⑦か⑨の図形ならば「4×6＋4×3」の式で面積が求められそうだということになったのですが、どちらかはっきりしません。ただ、⑦に対しては「なんだかずれてる変な形」という見方が現れました。そして、この「ずれている」という形の捉えがきっかけとなって、「切って動かせばいい」とか「くっつけたらいい」というように形（学習対象）を変化させようとする子どもの発想を刺激したのです。私はとても興味深く受け止めました。

　改めて整理すると、最初に「4×6＋4×3」の式とそれと対応する形について子どもが自分なりの見方を自覚できた状態だったからこそ、3つの形（⑦、④、⑨）に対する子どもの素直な見方が現れたと言えます。そして、④の面積に対して式に対する自分の見方を振り返り、「『4×6＋4×3』の式で求めるのはおかしい」と言ったのです（振り返り②）。これが、式と図形に対して「整理整頓した結果をもとの

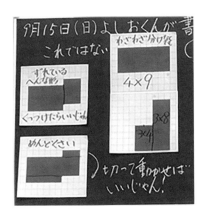

状態と比べる」思考が現れた具体です。

　また、面積を求める対象となる図形を「切る」とか、「動かす」、「くっつける」というように自ら操作しようとする見方や考え方も学習対象である図形を整理整頓しようとしている姿と見ることができます。

　教材の見せ方をあえて転換させたことで、「整理整頓した結果をもとの状態と比べる」思考を子どもに自覚させることができたと考えます。

3）「整理整頓した結果をもとの状態と比べる」思考を子どもに促進する教材へと転換

　㋐と㋒のどちらかの形だというところまで絞った段階で、「実は、よしお君の式のもとの形は㋒でした」と伝えました。教材を新たに転換したわけです。

　改めて、ここまでの教材設定の流れを整理します。

　導入場面では、最初に式からイメージできる形は複数存在するということに気付かせました。言い換えれば式と図形に対する子どもの見方を拡散させたわけです。

　次に教材設定を転換し、㋐、㋑、㋒３つの形に絞りました。「$4 \times 6 + 4 \times 3$」の式に対する子どもの見方を収束し、㋑の形は式にあわないという見方を確認したのです。

　そして、今度はさらに㋒の面積だけに焦点を当てました。

　実際の授業での子どもの反応は、「やっぱり㋒なのか」という声がたくさん耳に届きました。ところが、もっとおもしろい反応が現れました。

　３つの図形と式を照合する活動が成立していたため、子どもの中から「㋒だったら『$4 \times 6 + 4 \times 3$』じゃなくて、もっと別のいい式がある」、「自分だったら別の式にするな」とこれまでとは異なる新たな見方を提案し始めたのです。

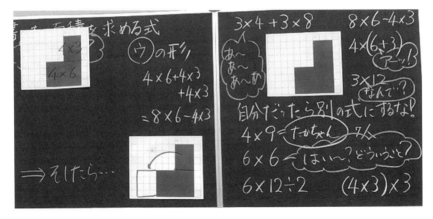

　そこで、⑦の形の面積を自分だったらどんな式で求めるのかノートに書かせました。発表する場面では、自分と異なる式ならばノートに書き加えるように指示をしていたのですが、子どもは友達の式を書き写しながら友達の図形に対する見方を解釈することとなりました。

　なお、下に示した式が子どもから現れたものです。式に続けて示した言葉は、その式を見た周りの子どもの反応、つぶやきです。

○ 4×6＋4×3

　「なるほどね、わかる、わかる」

○ 3×4＋3×8

　「あー、あー、あー……」

○ 8×6－4×3

　「エッ？」、「あー、そういうことか……」

○ 4×（6＋3）

　「アーッ！」

○ 4×9

　「なるほど、わかった」

○ 6×6

「はいー？　どういうこと？」

○ 6×12÷2

「エッ？　÷2？」、「アッ、そうか！」

○ (4×3)×3

「エッ？」、「あー、すごい！」

　これらの式は、最初に示された「4×6＋4×3」の式に対する自らの見方を子ども自身が変容させた証拠だと言えます。そして、周りの友達から現れたつぶやきが、それぞれの式に対する価値付けとなっており、式を書いた本人に新たな式を導き出した自らの見方を自覚させることになりました（振り返り③）。

　また、友達の式を書き写しながら自分と異なる友達の「整理整頓」に出合った子どもは、意外感とともにこれだけ多様な見方として拡散された式から知的な刺激を受け、新たな見方を働かせる面白さを体験することとなりました。

　この場面は、まさに「整理整頓した結果をもとの状態と比べる」ことによって、改めて自分なりに整理整頓し直していると見ることができます。

　この授業では式と図形の関係を「整理整頓」する過程が | 拡散 ⇒ 収束 ⇒ 拡散 | という構造となっており、この仕組み（順序や拡散・収束の度合い）が子どもの「整理整頓した結果をもとの状態と比べる」思考を刺激することになりました。そして、自らが機能させている「整理整頓の思考」を子どもが自然に振り返り、自ら変容させているという事実を自覚することができたのです。

　なお、⑦の形の面積がこれだけ多様な方法で求められるのは、辺の長さの設定を工夫しているからです。あえて多様な方法で面積が求められる形

を提示したからこそ、子どもは自分の「整理整頓の視点・方法」を振り返り拡散させたと考えられます。

　だからこそ、次に別の複合図形の面積を求める場面でどの見方・考え方で面積を捉えようとするのかという「整理整頓の視点・方法」が大事になります。対象の特性に応じて「整理整頓の思考」を的確に使い分けられる子どもは、それぞれの「整理整頓の思考」のよさを獲得できたといえるからです。

結果をもとの状態と比べるためのポイント
・整理整頓の過程を、例えば「拡散→収束→拡散」となるように工夫することで、子どもが自ずともとの状態を振り返りたくなるようにする。

第2章

整理整頓する力
を育む授業

子どもの実態と「整理整頓する力」を育む算数授業

▽子どもの実態と「整理整頓する力」を育む算数授業

算数の授業で大事にしたい「整理整頓する力」は、低学年の段階より子どもから「整理整頓の思考」を引き出し、価値付けていくことで、子どもに養うことができるものだと実感しています。

ただし、そこには前提があります。それは、同じ算数授業観のもとでの指導の継続です。

一般の学校現場の現実を考えると、担任として受け持った子どもとの算数授業が自分の理想とする算数授業のように展開しないと感じられる先生も少なくないと思われます。だからといって教師が抱く算数授業観を一方的に子どもに押し付けても授業はうまくいきません。

大事なことは、教師が目指す算数授業観を子どもの実態に応じて柔軟的かつ段階的に味わわせていくということです。

本書で目指す「整理整頓する力」を育む算数授業も同様で、前章までに示した授業例がどこの学級でも全く同じように展開するわけではありません。しっかりとした算数授業観のもとで、子どもの実態に応じてアレンジしていくことが求められます。

そこで、本章では、子どもの実態に応じて「整理整頓する力」を育む算数授業を実現するために、その基本となる次の4つのタイプの算数授業づくりの考えを紹介します。

①　学習内容の関連付けを図る思考を意図的に引き出す授業

②　教師の意図的な揺さぶりによって、子どもが整理整頓するよさを
　実感する授業

③　教材の提示の仕方によって、子どもの整理整頓の考えを誘発する
　授業

④　教材の特性によって、子どもの整理整頓の考えを誘発する授業
（※　①〜④は指導の順序を示しているわけではありません）

　ちなみに前章までに示した授業例も、これらの授業づくりの考えのいずれか、もしくはいくつかの組み合わせによって構成したものです。

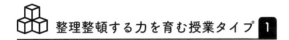

関連付けを図る思考
を意図的に引き出す授業

▽ 関連付けを図る思考を意図的に引き出す授業

　まず、算数の学習に対して主体的でなく、教えてもらうのを待っているような子どもたちを変えていくのにはそれ相応の指導が必要です。特に高学年の場合は、彼らの算数授業観を変えるために授業の進め方も工夫しなければなりません。

　算数の学習に対して受け身の子どもは、算数の学びに連続性や関連があるという意識に乏しいものです。一つひとつの学習内容はそれぞれ別々のものだと受けとめており、つながりがあるとは思っていません。だから、そのような子どもは**算数を覚えよう**とします。算数の学びは、既習を使っていく中で自らの問題が生まれてくること、そして生まれた問題は既習を使えば自分で解決することができること、そして解決できたときには達成感を味わえるということに気付いていないのです。だから、算数の学びに対する見方を変えていく段階の授業が必要です。特に、学習内容の関連付けを図っていくこと、すなわち関係がないと思っていた学習内容が実はつながっているということを実感させることが大事になります。学習内容の関連付けができることは、子どもから「整理整頓の思考」引き出すきっかけにもなるものですから、焦らずにじっくりと子どもに体験させていきましょう。

▽第5学年「比例」と「小数のかけ算」

　第5学年の授業を例として示します。

　第5学年では、「小数のかけ算」、「小数のわり算」、「分数のかけ算」、「分数のわり算」、「単位量あたりの大きさ」等のように、「比例」の考えと密接に関係する学習内容をたくさん扱います。教科書によって「比例」を扱う時期や「比例」を学習する題材がそれぞれ異なっていますが、学年の最初の方で比例を学習してから、「小数のかけ算」につなげる単元配列になっている教科書が多いのは、「比例」の考えを他の学習に関連付けて活用しようとしているからでしょう。だから、関連付けを図る思考を刺激するためにも、「比例」を指導した後で「小数のかけ算」の指導をすることは望ましいと言えます。そして、「小数のかけ算」の基は「比例」であるということを、子どもが必然的に意識できるようにしていくことをねらいます。その意識付けの手段として大事になるのが「表」です。具体的な事象を子ども自らが表に整理し、表にするよさを実感できるようになることを目指します。

▽「比例」の扱い

　子どもに関連付けの考えを意識させるため、まず、「比例」を扱います。

　導入では、「縦4 cm、横□ cmの長方形の面積」を扱いました。辺の長さ、面積という連続量を素材とするのも、この後で扱う「×小数」の世界とのつながりを意識し、関連付けを図る思考のもとになると考えたからです。また、長方形の面積の公式は既習なので、例えば横が2 cmのときの8 ㎠の認識の仕方として、「たて×横＝長方形の面積」の公式によって「4 ［cm］×2 ［cm］＝8 ［㎠］」（ここでは単位を意図的につけています）とい

う式を確実に導くことができます。一方、同じく横が2cmのときの8㎠を比例の見方で認識するということは「4［㎠］×2倍＝8［㎠］」となります。つまり、公式でも比例の見方でも式自体は「4×2＝8」で同じ形なのですが、その意味が全く違います。これらの意味の違いの対比がわかりやすいということも、素材として面積を扱った理由です。

　実際の授業では、提示した素材に対して最初に現れた子どもの反応は、「横の長さが決まらないと面積はわからない」というものでした。この言葉に対し、私は「じゃあ、好きな長さを自分で決めていいですよ」と返しました。このように子ども自身が数を決めるということは、「問題は先生から与えられるもの」だと算数の教材に対して受け身の姿勢だった子どもを主体的に変えていく第一歩となります。

「整理整頓する力」を育むポイント①

教材の条件を子ども自身に決めさせる場を用意し、自分で決めた条件の場合の問題解決を検討する体験をさせる。

　子どもは、一人ひとりバラバラな数を当てはめて面積を求めます。長方形の面積自体は既習なので、求積自体は簡単にできます。私は、個々が求めた面積を右のような短冊カードに書き、発表された順に黒板にランダムに貼っていきました。この貼り方も

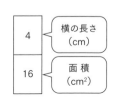

子どもから「整理整頓の思考」を引き出すためのきっかけを与えているのです。事実、バラバラなものを整理したくなる子どもが現れます。

「整理整頓する力」を育むポイント②

子どもが整理整頓したくなるように、あえて乱れた状態を見せる。

子どもは黒板上の短冊カードを次のように並べ変えて、途中の数値が抜けた表のようなものを作りあげました。

【短冊カードを並び替えたもの】

1	2	3	4	㋐	6	7	㋑	10		20
4	8	12	16		24	28		40		80

すると、空いているところが気になり始めます。これが、子どもの中にある「整理・整頓の思考」が機能し始める場面です。短冊カードを　つなげて並べるべきかどうか子どもに決めさせていく中で、「（横の長さが書かれていない）途中のところも面積がある」ことが意識されます。結局、途中の横の長さの場合の面積も埋めることになりました。

まず、㋐の場所です。横の長さは5cmで、面積は20㎠。子どもは、「縦×横」の面積の公式を用いて「4×5＝20」で当然だと思っています。

次に㋑の場所です。この隙間には、横の長さが8cmと9cmの場合のカードが入ります。多くの子どもは面積の公式をあてはめて、それぞれ「4×8＝32」「4×9＝36」と考えました。ところが、「別の方法でも面積がわかる」という子どもが現れました。下のように面積が4㎠ずつ増えているという増加の見方をしている子どもです。

1	2	3	4	5	6	7	8	9	10		20
4	8	12	16	20	24	28	32	36	40		80

+4 +4 +4 +4 +4 +4 +4 +4

確かに横の長さが1cm増えるごとに面積は4㎠ずつ増えています。ここで、「公式を使わなくても表からわかる」という考え方を「おもしろいことを見つけたね」と褒めました。

すると、「だったら、別の見つけ方もある」という子どもが現れました。
「8cmのときは4cmの時の16㎠を2倍にすればいい」
つまり、16［㎠］×2＝32［㎠］という式で求められるというわけで

す。「なるほど！」と認めて、次の図のように、表の下に矢印とともに式を書きました。それを見た周りの子どもから「だったら他にもある」という声が新たに現れました。

「8 cm のときは、2 cm の時の 8 ㎠の 4 倍にもなっているよ（8 ［㎠］ × 2＝32 ［㎠］)」

「だったら、1 cm のときの 4 ㎠の 8 倍と言ってもいいんじゃないのかな（4 ［㎠］ ×8＝32 ［㎠］)」

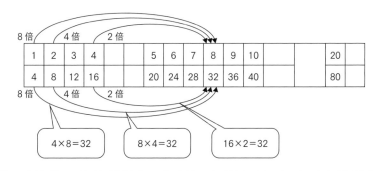

横の長さが 8 cm のときの面積が 4 cm の 2 倍、2 cm の 4 倍、1 cm の 8 倍になっているという見方が意識されたところで、横が 9 cm の長方形の面積を埋めました。子どもは公式から面積が 36 ㎠になることはわかったうえで、表の変わり方に目を向けました。すると、「やっぱりきまりがある」と言います。「横が 3 cm のときの 12 ㎠を 3 倍すると 36 ㎠になる（12 ［㎠］ ×3＝36 ［㎠］)」ここで、「どうして今度は 3 倍なのかな？」と尋ねてみました。子どもは、先ほどの見方を用いて「横の長さが 3 cm から 9

cm に 3 倍になったから」と言いました。そして、改めて子どもたち全員に、自分のノートの表を指さしながら「横の長さが 3 cm から 9 cm に 3 倍になったから面積も 12 ㎠ の 3 倍の 36 ㎠ になっています」と表現させました。

　そして、さらに横の長さが 11 cm から 19 cm の間も同じ見方が使えるかどうか確かめることを目的に表を埋めさせました。

　子どもたちは面積が 4 ㎠ ずつ増える仕組みを使って表を埋めていきます。その上で「横の長さが 12 cm のときは、横が 1 cm の面積の 12 倍（4 ［㎠］ ×12＝48 ［㎠］）、2 cm の面積の 6 倍（8 ［㎠］ ×6＝48 ［㎠］）、3 cm の面積の 4 倍（12 ［㎠］ ×4＝48 ［㎠］）、4 cm の面積の 3 倍（16 ［㎠］ ×3＝48 ［㎠］）、6 cm の面積の 2 倍（24 ［㎠］ ×2＝48 ［㎠］）」

　「横が 15 cm のときは、3 cm のときの 5 倍（12 ［㎠］ ×5＝60 ［㎠］）、5 cm のときの 3 倍（20 ［㎠］ ×3＝60 ［㎠］）」……

という見方を確かめていきました。

　結果的に他の所でも「きまり」が成り立っていることが見えてきました。それぞれ公式ではない式によって面積が表現できたところで、このようなきまりを算数の言葉で「比例」といい、伴って変わる○と□の関係を次の表現で整理しました。

---

　2 つの変わる量□と○があって、□が 2 倍、3 倍、……になると、○も 2 倍、3 倍、……になるとき、○は□に比例するといいます。

　そして、本時で扱った長方形の面積を上と同様に表現させました。

「横の長さが 2 倍、3 倍、……になると、長方形の面積も 2 倍、3 倍、……になるとき、長方形の面積は横の長さに比例する」

　子どもにとっては初めて出合う聞きなれない言い回しだからこそ、自分

たちが見つけたことを定義に従って言語化する活動が欠かせません。□と○に当てはまる具体例を見つける度に、繰り返し言語化してみるという体験が比例の表現を理解する上で大事になります。

「整理整頓する力」を育むポイント④

具体例を定義に合わせて言語化する活動を通して、定義に応じて整理整頓する体験量を増やし、定義の理解を確かなものにする。

そこで第2時では、子どもたちに自分たちの身の回りから比例している□と○を見つける活動を設定しました。例えば次のような具体的な事象をもとに表を作成し、その中から比例関係を見出し、表の数値と対応させて比例の定義を言語化していったわけです。

【1個50円のお菓子を□個買ったときの値段○円】

個数（個）	1	2	3	4	5	6
値段（円）	50	100	150	200	250	300

「お菓子の個数が2倍、3倍、……になると、値段も2倍、3倍、……になるとき、値段はお菓子の個数に比例する」

【1冊のページ数が60ページのノートが□冊の総ページ数○ページ】

冊数（冊）	1	2	3	4	5	6
ページ数（ページ）	60	120	180	240	300	360

「ノートの冊数が2倍、3倍、……になると、全体のページ数が2倍、3倍、……になるとき、ページ数はノートの冊数に比例する」

比例する事象を複数集めていくうちに、子どもたちは、かけ算を使う場面が比例なのではないかと考え始めました。つまり、長方形の面積の場合は「4×□＝○」、お菓子の場合は「50×□＝○」、ノートの場合は「60×

□＝○」という式に表せるというのです。これは、既習の式表示と関連付けようとする姿です。式で表現すると同じことが見えてくるという「整理整頓の思考」の現れと見ることができます。このような子どもの細かい変化を教師は見逃さずに価値付けていくことで、子どもは算数の学習内容のつながりを意識し始めます。

　ところで、この授業では、この後にA男から面白い反応が現れました。

「かけ算を使うけど比例じゃないものがある」

「一辺の長さが□cmのときの正方形の面積○㎠は比例じゃない」

と言ったのです。そこで、一応、他の子どもにも表に整理させました。

【一辺の長さが□cmのときの正方形の面積○㎠】

一辺〔cm〕	1	2	3	4	5	6
面積〔㎠〕	1	4	9	16	25	36

　確かに、「**一辺の長さが2倍、3倍、……になっても、面積は2倍、3倍、……にならない**」から、面積は一辺の長さに比例していません。式に表すと「□×□＝○」です。A男の考えはたまたま現れた反応ですが、このように子どもの方から動こうとする姿は臨機応変に取り上げ、価値付けていくことで、子どもに整理整頓しようとする態度を養うことができます。

　なお、ここではかけ算に表される2つの事象、すなわち比例する事象と比例しない事象を対比させることによって、子どもにとっての比例の意味理解がより一層明確になりました。これも整理整頓して違いをはっきりさせた一例です。

▽「整数×小数」の問題場面を比例の観点から見る

　この「比例」の学習の後、「整数×小数」を別単元として扱うのではな

く、「比例」の延長と位置付けて扱いました。いわゆるカリキュラムマネジメントをしたわけです。その理由は以下の通りです。

まず、「整数×小数」という演算が成立する具体的な文脈（文章問題）が「比例」とつながっているという理由です。「整数×小数」となる具体的な場面は、乗数にあたる数量が、例えば「〜人分」、「〜個分」等の「分離量」になることはありえません。分離量の場合は整数値しか存在しませんから、子どもにとっての乗数は整数のみです。だから、乗数が小数値であっても子どもが受け入れられる「連続量」をもとにした数量とします。その「連続量」の数値が整数の場合にだけ着目したのが、例えば前述の長方形の横の長さと面積の関係です。

つまり、これまで整数値を対象として扱っていた「比例」の考えを小数の範囲にまで拡張する場面として「整数×小数」が位置づきます。すると、結果的に「比例」関係は整数値に限られたものではないということが明らかになるとともに、「整数×小数」の演算の意味理解も比例の観点から整理整頓できます。

もう一つの理由は、「整数×小数」の計算の仕方を理解する上で、「小数の範囲でも「比例」が成立しているならば……」という関連付けによって計算方法の整理整頓ができるというよさです。

実際の授業で扱ったのは、教科書にもあるようなごく普通の問題であり、あえて特別なものは扱っていません。

1ｍの代金が80円のリボンを□ｍ買いました。代金はいくらになるでしょう。

ただ、買ったリボンの長さを教師が一意に決めて答えを求める問題場面とはせず、あえて□ｍとすることで□の中の数を変数として見られるよう

にしました。やはり、【「整理整頓する力」を育むポイント①】に示したように、子どもが自分自身で決めた条件で確かめてみることを大事にしています。このような繰り返しが子どもの学びに向かう姿勢を変えていきます。

　そこで、「□の中に入る長さが何mのときだったら答えが簡単にわかりますか？」と問いました。すると、子どもからいろいろな整数値が現れます。この反応は子どもにとって当たり前のことであり、どこの学級でも現れるものです。中には100mのような数値を言う子どもも現れますが、それでも戸惑う子どもはいません。「1mの代金に長さをかければ買ったリボンの代金になる」から「80×□」で求められるということが子どもにとって自明だからです。私がすることは、リボンの長さと代金を短冊カードに書いて黒板にランダムに貼ることだけです。

□ m	式	代金
・1 m	80×1＝ 80	80 円
・2 m	80×2＝160	160 円
・3 m	80×3＝240	240 円
・4 m	80×4＝320	320 円
・5 m	80×5＝400	400 円

　すると、子どもから「アッ、比例だ」という声が現れました。

　似たような活動を繰り返すことで学習内容の関連付けを図る思考を刺激していくわけです。

「整理整頓する力」を育むポイント⑤

体験したことのある活動と似た活動を繰り返し体験させることによって、整理整頓する場の条件と整理整頓の効果を意識させる。

子どもは短冊カードを次の表のような形に並べ変えました。

1	2	3	4	5		100
80	160	240	320	400		8000

　そして、「長さが2倍3倍になると代金も2倍、3倍になっています」
と続けました。私は、比例の定義を使った子どもの言語表現を称賛すると
ともに、「じゃあ、□の中の数が何であっても代金は簡単に求められます
か?」と確認してみました。子どもは、「求められます」と自信をもって
答えました。ただ、ここではっきりさせたいのは代金が求められる理由で
す。「1mの代金×長さ」という文脈に即した言葉の式で考えているの
か、それとも比例を根拠として考えているかということです。

　実際には、両方の理由がありました。これもごく自然な反応です。どち
らの考えでも「80×□」の式になることが明らかになります。しかし、
式の意味は違います。私が「式の意味も同じなの?」と尋ねると、半数ぐ
らいの子どもは「□の意味が違う」と言いました。そこで、「□の意味が
どう違うのか」ということについて話し合わせました。子どもは、「□m
という長さを表しているのと、□倍という倍の数を表しているところが違
います」と言います。言葉の式で言えば確かに□は長さにあたり、比例の
場合は□が倍にあたります。

　比例を学習するまでは、「1mの代金×長さ＝買ったリボンの代金」と
いう言葉の式に合わせて「長さ」をかけていると捉えていました。しか
し、比例を学習したことによって、「例えば3mだったら、3mは1mの
3倍でしょう、だから『1mの代金×3倍』になります」というように比
例の定義を利用してかけ算を整理整頓できるようになります。短冊カード
に書かれたそれぞれの長さの代金を求めるかけ算の式を繰り返し比例の定
義に合わせて言語表現していく中で、かけ算の意味の見直しが行われます。

▽「整数×小数」の世界は存在するか？

　ところで、教科書の記述は、「整数×小数」の世界が存在することが前提となっています。例えばリボンの代金の文脈であれば、「1 m の代金×買った長さ」という言葉の式をもとにして、形式不易の考えで乗数が小数でもかけ算が成り立つとしています。しかし、小数でもかけ算が成り立つということの本質は、リボンの代金がリボンの長さに比例するということです。例えば2.4 m の代金であれば、2.4 m が 1 m の 2.4 倍だから「1 m の代金×2.4（倍）」という式となるわけです。このように子どもが比例と関連付けて「×小数」のかけ算を整理整頓することを大事にしなければいけません。

　だから、まず、かける数が小数になる場合が存在するかどうかを、子ども自身が判断することに意味があります。その判断の根拠を意識する中で比例との関連付けが行われるからです。実際には、整数値の長さを扱った後で、「リボンを 2.4 m 買うことはできるかな？」と尋ねました。子どもからは「（長さが）中途半端！」という反応が返ってきましたが、「2.4 mでも買うことはできるでしょう」、「でも、値段は中途半端になります」と言われました。

　そこで、「2.4 m でも代金が決まるのかな？」と問いました。長さが小数の場合の代金に目を向けさせて、「2.4 m を買う」場面の有無をはっきり意識させるためです。子どもは、「2.4 m でも代金は決まると思います」、「160 円と 240 円の間になります」、「200 円より安いと思います」と言いました。すかさず、「どうして値段が決められると思ったの？」と問い返し、子どもに判断の根拠を意識させるようにしました。

ここでは、子どもから次の３つの根拠が現れました。

---

① 2.4 m は 2 m と 3 m の間の長さだから、それぞれの代金である
160 円と 240 円の間の代金となる。

⇒代金そのものの大きさの見当を根拠とした判断

② 「1 m の代金×長さ＝代金」だから、2.4 m でも代金は決まるは
ず。

⇒形式不易の考えを根拠とした判断

③ 代金は買ったリボンの長さに比例するから、2.4 m でも 1 m の
代金の 2.4 倍の代金になるはず。

⇒比例を根拠とした判断

やはり、②の形式不易の考えの子どもがいましたが、数は多くありませ
ん。一番多かったのは③でした。整数値の場合に比例関係が成り立ってい
ることを確認したことが効いていると思われます。

一方、①の子どもは、具体的な代金を考えることによって判断していま
す。その中で「200 円より安くなる」と言う子どもにその理由を確認しま
した。「160 円と 240 円の丁度間が 200 円でしょう、だからこれは 2.5 m
の代金だと思う。2.4 m は 2.5 m より 0.1 m 短いから 200 円より安いと思
う」感覚的な言い方ですが、実は比例を前提とした考えを用いて見当をつ
けていることがよくわかる説明です。

ただ、この段階で確認できたのは、長さが 2.4 m であっても代金が決ま
りそうだということと、その代金が「80×2.4」の式で求められるという
ことです。そこで、新たに 2.4 m と 2.5 m の場合の短冊カードを加えて下
のように貼り、改めて「80×2.4」でよい理由を確認することにしました。

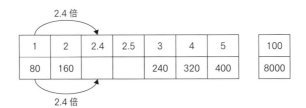

1	2	2.4	2.5	3	4	5		100
80	160			240	320	400		8000

2.4倍

2.4倍

　子どもは、整数値の場合に比例の考えを繰り返して表現しているので、
小数でも抵抗なく比例の考えを使って説明します。そして、比例は整数倍
の場合だけでなく、小数倍の場合でも適用できるということを意識するこ
とになりました。これが表に整理することのよさです。

▽「整数×小数」と比例の関係を数直線で確かめる

　小数倍の比例が成り立つことに納得したところで、「比例の関係がわか
る別の算数の道具があります」と言って、次の数直線を表の下に示しまし
た。

　これは「数直線は教師が教えるもの」という立場からの提示であり、重

視しているのは表と数直線を関連付けようとする子どもの見方です。だからあえて表の下に数直線を示し、子どもから「表と同じ仕組みだ」という関連付けを図る見方を引き出すようにしています。予想通り子どもから「表と同じ仕組みになっています」という声が現れました。何が同じなのか問うと、「表の数を数直線に書いているだけです」、「表の枠の代わりが数直線になっています」と捉えていました。

　一方では、「でも、表と違うことがあります。表には0はないけど数直線には0があります」、「それに数直線の方は目盛りの大きさがきまっているからリボンの長さがちゃんとわかります」と、数直線の特性に関する気付きも現れました。

「整理整頓する力」を育むポイント⑦

　学習内容の関連に子どもが自然に目を向けるような教材の意図的な示し方（方法やタイミング）を調整する。

　この場面では、比例を切り口としてみると、表と数直線という見た目が全く異なる道具が実はとても関連の深いものだということに子ども自身が気づくことを重視しています。そして、比例の考え方で小数のかけ算の意味も整理整頓できるということを学びます。算数の学習内容間の関連付けをする思考が機能し始めると、子どもの「整理整頓の思考」も機能し始めるので、大事に指導したいところです。

　そのためには、教師自身が教材の価値や関連をしっかり把握し、授業で具体化することが求められます。前章に示した「面積」の授業例も、学習内容の関連付けを図る思考を意図的に引き出す授業でした。面積の公式の関連を子ども自らが整理整頓していく授業を目指すには、教師自身の教材研究が大事になります。

教師の揺さぶり
によって整理整頓するよさを実感する授業

　「整理整頓する力」を育む算数授業では、整理整頓する必要感を子ども自らが自然に抱くようになるのが理想です。しかし、何もせずにそのような状況にはなりません。日々の算数授業での体験を通して、思考を整理整頓することが当たり前になっていくことが求められます。そのため、例えば教師の方から整理整頓せざるを得ないような場や状況を意図的に用意することがあります。いわゆる「揺さぶり」と言われるものです。

　ここでは、教師の意図的な揺さぶりによって子どもが整理整頓するよさを実感する授業について紹介します。

▽第5学年「速さ」の指導と子どもにとっての難しさ

　第5学年の「速さ」の授業を例にします。「速さ」は、子どもにとって理解が難しい教材と言われます。私は、大学生にも算数科教育の講義を行っていますが、彼らに「速さ」の授業の思い出を聞いてみたことがあります。驚いたことに大学生の多くは、下の図を先生に与えられ「はじき」や「きはじ」、「きじは」という言葉を覚えたというのです。ところが、彼らは「その意味はよく覚えていない」と言います。実際には、それぞれの言葉は次のような意味を表すのでしょう。

　○「はじき」

　　速さ（は）×時間（じ）＝距離（き）

○「きはじ」

　距離（き）÷速さ（は）＝時間（じ）

○「きじは」

　距離（き）÷時間（じ）＝速さ（は）

　つまり、彼らの中に残っているのは、速さと時間と距離の関係を表した「言葉」の記憶なのです。「小学生のときは、この言葉を問題にあてはめて解いていたけど、何をしているのかよくわからなかった」とも言いました。このような「速さ」に関する理解の実態は、おそらく大学生の彼らだけに限ったことではないでしょう。事実、現在の小学校現場でも、このような言葉を覚えさせる授業があると聞いたことがあります。このような言葉の「記憶算数」は、「速さ」の理解を促すための根本的な授業改善の手立てではありません。指導した教師はおそらく「速さ」がよくわからない子どもに対して対処療法的に教えたのでしょう。

　改めて「速さ」の理解が子どもにとって難しい理由を考えてみましょう。まず、「速さ」に対する子どもの捉えは、主観的・感覚的な「印象」に過ぎません。だから、具体的・客観的な量として「速さ」を認識することが難しいということが理由として考えられます。例えば、「あの子は足が速い」という言葉は、子どもが友達と一緒に走って感じる印象であり、自分を基準としたときの速さの相対的な受け止め方です。決して客観的な量として捉えているわけではありません。

　これは、同じ単位量当たりの考えで捉えられる「混み具合」に対する子どもの認識とも異なります。「混み具合」を判断するときに目を付ける面積や人数という量は、子どもも客観的に事実として目で見て認識することができます。特に人数は、分離量なので子どもにも数の実体がわかりやすいし、違いも認識できます。しかし、「速さ」の場合は、それを客観的に

捉えるために必要となる時間や距離（道のり）という量がどちらも連続量であり、子どもがその量感を認識しにくいという特徴があります。もう少し詳しく述べると、時間は目に見えない量であるとともに、例え同じ時間であってもその人間が置かれた環境や気分・感情によって長く感じたり、短く感じたりします。また、距離（道のり）という量は、短ければ子どもも量感をイメージできますが、長くなればなるほど全く量感が伴いません。つまり、「時速 40 km」といったときに、40 km という長さそのものを実感的にイメージすることができないわけです。だから、子どもが「速さ」を理解することが難しい原因の 1 つには、速さを捉えるために必要な時間と距離（道のり）という量の特性の存在が挙げられます。

　それ以外にも、他の「単位量当たりの大きさ」の考えと同様に、異種の量の関係を比べるために、どちらか一方を揃えるという考え方自体が十分理解できていないということも、「速さ」の理解を難しくしている理由の 1 つだと言えます。

1）「速さ」の難しさを克服するために

　子どもの「整理整頓の思考」を引き出し、「速さ」の理解を促す授業づくりとして、次のようなことを考えました。

　まず、「速さ」の学習の導入教材を変えます。通常、「速さ」の学習では、いわゆる秒速のような短い時間とその時間に進む道のりの関係から速さに迫っていきます。秒速の範囲であれば、「速さ」を表す時間と距離（道のり）の量がそれほど大きくないので子どもも実感的にイメージしやすいと考えられます。しかし、多くの授業では、それでも時間と道のりのそれぞれを量として十分意識できているとは言い難い実態が見えてきます。やはり、その理由は前述したように時間と長さという量に備わる特性によると考えられます。そこで、単元の導入で「秒速 7 m」のようにいわ

ゆる移動するものの「速さ」を扱うのではなく、電卓のキーを打つ速さを扱います。

　電卓には、「1＋＋＝＝＝……」とキーを打つと、「＝」を打った回数分だけ「1、2、3……」と数字が増えるという機能があります。この電卓に表示される数はキーを打った回数ですから、分離量です。子ども自身がキーを打った回数なので客観的な事実として子どもも捉えやすい数です。一方、「速さ」の概念形成において欠かせない条件である距離（道のり）は、量感を捉えにくい連続量です。つまり、「速さ」の導入で扱う量を連続量（距離）から分離量（キーを打った回数）に変えてみることで、子どもの抵抗感を減らしてみようと考えたわけです。

　ただし、電卓を打つ速さを比較するといっても、打つ回数だけでは比べられません。そう、時間が必要です。時間を一定に揃えた状況下でキーを打つ回数を競うか、打った回数がある特定の回数に到達するまでの時間で競うか、そのどちらかの方法を採り入れないと速さは比べられません。つまり、導入の第1時では、「速さ」を捉えるためには、時間が必要だということ、そして時間を揃える必要があるということの意識化に焦点を当てるわけです。特に、時間が揃っていない場合でも速さは比べられるものなのかという子どもの問題意識を引き出し、それを検討していく中で、時間と打つ回数の関係を整理整頓する方法に目が向かいます。そこに大事な教師の「出」があるはずです。

2)「速さ」の学習における教師の揺さぶり

　導入で、「今日は電卓で速さ比べをします」と言って、電卓を見せました。そして、速さを比べる題材として「1＋＋＝＝＝……」という電卓のキーの打ち方を伝えました。

　まず、電卓を打つ練習として、あえて何も言わずに2人組で自由に競

わせる場を設けました。だから、2人組ごとに始めるタイミングも異なっていますし、比べ方も違っていました。

「整理整頓する力」を育むポイント⑧
子どもの活動内容を教師が全て統制するのではなく、子どもに委ねて自分で決められる自由度を与えることで、教師が後で示す「揺さぶり」の効果を高める。

　子どもたちを観ていると、次のような反応が見られます。

●適当にただ打ってみた結果としての回数の多少で速さ比べをしている
●開始と終了のタイミングを自分たちで揃えて打った回数の多少を比べる
●早く100まで到達した方が勝ちという方法で比べる

　教師が具体的な指示を与えなくても、子どもは感覚的に打った回数、即ち電卓に現れる数が大きい方が速いと認識していることがわかります。しかし、時間に対する意識には子ども間で個人差があることもはっきりしました。
　子ども達を止めて、それぞれの2人組の中で勝った子どもを起立させました。そして、一人ずつ打った回数を聞いていき、回数が一番多かった子どもに対して私は「クラスで1番速かったね」と言いました。しかし、全員から「それは違う」、「わからない」という声が返ってきました。
　全ての子どもが時間という情報の必要性を意識した瞬間です。

子どもから反論が出るような「揺さぶり」の場を設定し、子どもが主体的に問題意識を持って「整理整頓」に向かうようにする。

　そこで、「じゃあ、もう一回やってみよう」と言って、クラスを2グループに分けて一斉に打つ速さを比べることにしました。今回は開始と終了を揃えるので、回数が多い方が速いことになります。

　1グループ目。一番多い子どもは90回打っていました。次は2グループ目。同じように開始と終了を揃えました。一番多かったのは143回でした。「すごい」という声と同時に、「おかしい！」「そんなはずはない」という声が耳に届きました。自分自身が体を使って活動した結果なので、どの子も回数に対する感覚があります。だから「いくら何でも143回なんてあり得ない」、「時間が違うと思う」、「後のグループの方は時間が長いはず」と言いました。これらは、打つ速さを客観的に捉えようとし始めている姿だと見ることができます。分離量である打った回数だからこそ実感的に見直すことができました。

「整理整頓する力」を育むポイント⑩
一人ひとりの子どもが活動した結果を教材化することで、子ども自身の問題として実感的に問題発見できるようにする。

　改めて時間を測っていたストップウォッチの時間を確かめました。1グループ目は10秒で、2グループ目は15秒です。時間が違っていたことを子どもに謝り、「じゃあ、やり直しだね」と投げかけました。

教材の条件設定を意図的にコントールし、子どもの「整理整頓の視
点・方法」に「揺さぶり」をかける。

　ところが、「そのままでも速さは比べられる」と言う子どもがいます。
しかも少数ではありません。この子たちは、「時間が違っていても速さを
比べられるのかな？」と自らに問い、即座に「できる」と判断しているの
です。この授業での学習対象は、一人ひとりの子どもにとって実感が伴っ
た回数ですから、同じ時間に揃えれば比べられるというアイデアは自然と
生まれてきました。そして、子どもたちは比べるための式をノートに書き
ました。

　考えを発表させるときには、複数書いている式の最初の１つの式だけ
を発表させ、他の子どもたちにそれぞれの式の続きを想像させました。

　㋐　　$90 \div 2 = 45$

　㋑　　$90 \div 10 = 9$

　㋒　　$90 \times 3 = 270$

　㋓　　$90 \div 2 \times 3 = 135$

　まず、それぞれの式が何を求めているのかという式の意味を聞いてみま
した。子どもたちは次のように考え、納得しました。

　㋐　「５秒あたりの打つ回数」

　㋑　「１秒あたりの打つ回数」

　㋒　「30秒あたりに打つ回数」

　㋓　「もし、15秒打ったとしたら……という回数」

ただし、㋓の考えに対しては食い下がる子どもがいました。「135回になるとは限らないよ」、「疲れて打つ速さが遅くなるかもしれない」と言っています。それに対し、「135回は、『もしも同じ速さで打ったとしたら……』という数だ」という考えが示されました。そして、「他の考えも、全部『もしも同じ速さだったら』という考え方だ」と言い、「平均みたいなものだよ」と言葉を付け足しました。

　それぞれの考えで、式の続きを確かめました。

㋐　$90 \div 2 = 45$　　　　　$143 \div 3 = 47.66\cdots\cdots$

㋑　$90 \div 10 = 9$　　　　　$143 \div 15 = 9.53\cdots\cdots$

㋒　$90 \times 3 = 270$　　　　$143 \times 2 = 286$

㋓　$90 \div 2 \times 3 = 135$　　143

　いずれの考えも時間を揃えて比べているという点では同じ整理整頓の仕方です。そして、どれも「もしも同じ速さで打ったとしたら」という考えが前提となっていることが確認されました。

　やはり、分離量である打つ回数は、子どもも量として実感的に認識できます。だからこそ、「その回数はあり得ない」と言えたわけです。また、「速さ」を比べるときには時間を揃えるという「整理整頓の思考」のよさを実感的に理解することができました。

　なお、この次の時間には、一般的な走る「速さ」を扱いました。今度はあえて秒数（時間）だけを提示して子どもの「整理整頓の思考」を揺さぶり、時間だけでは「速さ」は比べられないことをはっきりさせました。そして、この「速さ」比べの場合には進んだ長さ、即ち道のりが必要な量であるということを実感的に理解することができました。本実践の体験と対比しようとする「整理整頓の思考」が有効に機能した結果だと言えます。

ところで、1章❷の「三角形と四角形」の授業例の中で動物を囲めない
ワークシートを用いたことは、教材の条件設定の「揺さぶり」の1つの
形です。あるいは、1章❹の「面積」の中の平行四辺形の扱い、すなわち
辺の長さだけを文章で示すという教材設定も同様です。さらに1章❼の
「複合図形の面積」でも、子どもが自ずと教材の条件を振り返りたくなる
ように仕向けているのも「揺さぶり」の一種です。このように、子どもの
実態に応じて教師が意図的に「揺さぶり」を与えることで、子どもが整理
整頓するよさを実感する授業へとアレンジできます。
　また、1章❶の「1分間の感覚調べ」のデータや、1章❹の「面積」の
導入で子どもたちが決めた「長方形から切り取った面積がちょうど半分の
形」は、子どもが事実として行ったことや決めたことです。自分自身の事
実や考えを学習対象としているのは、電卓を打つ速さの例と似ています。

教材の提示の仕方
によって整理整頓の考えを誘発する授業

　物事の整理整頓は、「まず、次に、そして……」と筋道立てて計画的に進められると効率的ですし、確実です。しかし、筋道立てて順番に整理整頓していくためには見通しが必要です。この見通しをもつことが案外難しくてなかなかうまくできません。整理整頓には、「やってみてわかる」ことが多く、整理整頓する経験の蓄積が必要だからです。

　「整理整頓する力」を育む算数授業でも同様で、子どもが自ら「まず、次に、そして……」と筋道立てて考えを整理整頓できればいいのですが、1年生の子どもにそんなことができるわけがありません。いや、1年生に限らず、考えを整理整頓する体験に乏しい子どもは、上級生でもできません。いろいろな学習場面において子どもが自分で考え判断するという整理整頓の体験を積み重ねることによって、徐々に何から手を付けて整理整頓していけばよいのかということが見えてくるのです。

　ただ、子どもの体験が蓄積されるのを悠長に待っているだけでは、個人差も埋まりませんし時間だけが過ぎていきます。だから、教師の方から意図的に働きかけていくことも必要です。特に、目の前の子どもたちの実態として、「まず、次に、そして……」と筋道立てて考えることが得意でない場合はなおさらです。

　ここでは教師の教材の提示の仕方という働きかけによって子どもの整理整頓の考えを誘発する授業づくりについて紹介します。

1）第6学年「場合の数」の指導における教材の提示の仕方

　第6学年の「場合の数」の授業では、例えば次のような教材が扱われます。「4人」のところに具体的な子どもの名前が入っている場合もありますが、いわゆる「順列」の考えを扱っているという点で教材の構造は変わりません。

> 　4人でリレーをします。走る順番にはどのような場合があるでしょうか。

　この授業のねらいは筋道立てて整理整頓し、落ちや重なりなく全ての場合を調べ上げられるようになることです。ところが、子どもに整理整頓する力が育っていない場合、この教材をそのまま与えると、必ず戸惑う子どもが現れます。何をどう処理していいのかわからない、あるいは4人という数が多くて並べ方を処理できない子どもです。また、観点を定めてリレーの順番を整理整頓する考えが現れるかどうかは子ども任せとなります。だから、落ちや重なりなく見つけられる方法に目に向けられるかどうかは、ある意味偶然に頼っています。子どもに算数授業観が伝わり、整理整頓する力が育ってきているクラスであれば自然に考えられるようになってくるとは思いますが……。

　ただ、子どもの実態として整理整頓する力がまだ育っていない状況下であれば、教材の提示の仕方を変える必要があります。私は、教材を次のように変えて提示しました。とても単純な改良です。人数を4人と決めずに、□人としたのです。

> 　□人でリレーをします。走る順番にはどのような場合があるでしょうか。

まず、□に入らない数を考えさせました。多くの子どもは「1人」と言いました。確かに1人ではリレーにはなりません。中には少数派ですが「1万人」とか大きな数を言う子どももいました。

　今度は逆に、子どもにこの人数ならわかるという数を決めさせました。子どもたちは当然のように「2人」と言います。2人だと、例えばAとBがいれば、A→Bの順番かB→Aの順番のどちらかしかありません。みんな納得です。教材の意味が全員に浸透していきます。

> **「整理整頓する力」を育むポイント⑫**
> 教材の条件を子どもに決めさせ、自信をもって検討できる条件から取り組ませることで、子どもの「整理整頓の思考」を確実に引き出す。

　そこで、3人でリレーをする場合について考えることにしました。ここでは、電子黒板に下図を提示し、3人の子どもの並びを視覚的に捉えられるようにしました。また、電子黒板では並び替える操作が容易ですから、試行錯誤もしやすくなります。

　リレーの順番として考えられるものを電子黒板上で一つずつ確かめていきます。ただし、1人の子どもに全て操作させるのではなく、画面上の絵を1人1つずつ動かすように、子どもの操作もリレーしていきます。最初に指名した子どもは、男の子をそのまま1番に置きました。2番目に指名した子どもは、最初の絵の③の位置に示されている女の子を②の位置に

置きました。これでリレーの最後の子は自ずと残りの女の子に決まります。これで２通り目のリレーの順番ができました。

　このようにクラス全体の場で、一人ずつリレー形式で絵を操作することによって、この教材場面で何をすべきかということが全ての子どもに理解されます。最終的に右の図が完成しました。そして、先頭の子どもを決めれば２番目と３番目を入れ替えた場合の２通りのリレーの順番があることがはっきりするとともに、この６通り以外の順番は存在しないことも説明できました。

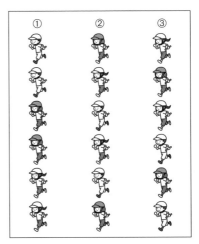

「整理整頓する力」を育むポイント⑬

具体的なイメージが伝わる教材設定とし、「整理整頓の視点・方法」を共有させる場を用意することで、全ての子どもが安心して活動に取り組めるようにする。

　いよいよ次は４人でリレーする場合の並び方です。「整理整頓の思考」がどの子にも意識されていますから、ここから個人での活動とします。４人でリレーする場合の順番を、子どもたち一人ひとりがタブレット上で表すのです。

　既に要領を得ている子どもたちは、次頁図のように整理していきました。すると、先頭を決めれば２番目、３番目、４番目の並び方が「３人でリレーするときと全く同じ」だと気付きました。先頭になる子どもは４

人いますから、リレーの順番は全部で 24 通りあることが見えてきました。

また、1 人の子どもを先頭に決めた場合の順番が 6 通り以外に存在しないということを、画面上の子どもの絵を右図のように重ねて説明する子どもも現れました。いわゆる樹形図の考えです。タブレットだからこそ表現できる方法です。

そこで、4 人でリレーする場合には間違いなく 24 通りの順番があるということをノートに記録しておくように指示しました。ところが、何人かの子どもは「エッ？」と言います。今までタブレット上の絵を並び替えていたので、タブレット画面をノートに記録する方法に戸惑っ

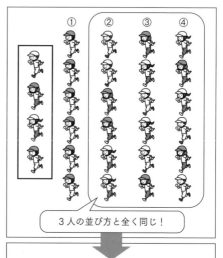

3 人の並び方と全く同じ！

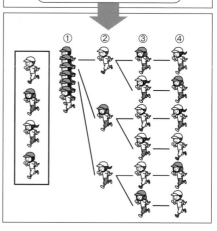

ているのです。しかし、それに対して「絵を描かなくていいよ」、「A、B、C、D にすればいい」、「1、2、3、4 でもいい」と記号化するアイデアが現れました。教材中にあえて具体的な名前を示さなかったことや絵を教材として用いたからこそ、自然に子どもの中から表現方法に関する問題意識が生まれ、それを記号化の考えで解決することもできたわけです。

教材の条件を、教師が「まず、次に、そして……」と段階的に変えながら示していくことによって、確実に全員の「整理整頓の思考」を誘発するとともに、「だったら」と発展させようとする思考を引き出す。

　この実践例では、「まず2人でリレーする場合を全体で、次に3人でのリレーの場合も全体で、そして4人のリレーの場合は個人で」と教師が段階的に教材を発展させ、その与え方も工夫してきました。結果的にどの子も安心して活動できるとともに、自分自身が機能させている「整理整頓の思考」のよさを自覚しました。その証拠に、この授業の後で「5人の場合には120通り……」、「6人の場合には720通り……」と、子どもの方から発展的に考え始めたのです。

　ただ、教材の提示の仕方によって子どもの整理整頓の考えを誘発するのは、第6学年よりももっと早い段階から行いたいものです。そして、「整理整頓の思考」を自ら意識して機能させられるようになるのが理想です。そこで、もう一つの事例として、第3学年「三角形」の授業における教材の提示の仕方を紹介します。

2）第3学年「三角形」の指導における教材の提示の仕方

　第3学年「三角形」の授業では、三角形の構成要素である辺の長さの相等や角の大きさの相等に着目し、二等辺三角形や正三角形の概念形成を目指します。

　多くの教科書では、右のようなストローをモールでつないで作った三角形を教材として用いています。そして、授業のめあ

てとして、「（出来上がった）三角形を仲間に分けましょう」と投げかけ、子どもに三角形の仲間分けをさせて二等辺三角形や正三角形の集合を見出させようとしています。

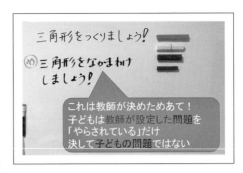

しかし、この授業構想は「絵に描いた餅」です。現実の子どもの仲間分けは実に様々です。実際にこの授業をしたことのある教師ならば誰しもが経験している事実です。その理由は、「仲間に分けよう」というめあてを発したのが教師だというところにあります。子どもたちは、自分自身が何かを整理整頓したくて仲間分けをしているわけではありません。つまり、子どもたちに自由に三角形を作らせ、作った三角形を仲間分けさせても、子ども自身には何の問題意識もないので教師の思惑とは全く違う仲間分けがなされるわけです。

この教材の提示の仕方は、前述した4人でリレーをする順番をいきなり子どもに考えさせる場面と似ています。6年生でも4人でリレーをする場合の順番をそのまま扱うと混乱する子どもがいます。ここで示した4色のストローで三角形をつくる場合、できる三角形は全部で64種類（ストローの長さの設定によって変わりますが……）もあります。これでは情報量が多すぎて、3年生の子どもには整理整頓できません。仲間分けをさせること自体が無謀だと言わざるを得ません。だから、リレーの授業と

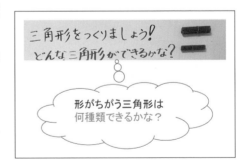

同様に教材提示の工夫が必要なのです。

　私は、最初に提示するストローを2色にしました。そして、その2色のストローで形が違う三角形は何種類できるかを問いました。まずは少ない材料で活動の意味を確かめるのです。

「整理整頓する力」を育むポイント⑮

教材の情報が少ない場面から導入することで、本時の活動の意味を確かめさせるとともに、全ての子どもから「整理整頓の思考」を引き出すきっかけとする。

　実際の授業では2人組で三角形を作らせました。既に作った三角形なのか、新しい三角形なのかを2人の目で確かめるようにしたのです。実は、ここでの確かめによって、「同じ色のストローだけでできた三角形」とか「2色でできた三角形」という子どもの「整理整頓の思考」が引き出されます。リレーの場合は、文字通り「走る順番」を落ちや重なりがないように調べること自体が目的だったのですが、この「三角形」の場合は、表面上は作ることができる三角形の種類を問いながら三角形を整理整頓する観点として子どもなりの「整理整頓の思考」を引き出すことをねらっているわけです。

　その結果、まず、2色のストローでできる三角形は4種類だけだということがわかりました（右図）。

　そこで、もう1色（白）のストローを増やします。子どもたちは作ることができる三角形が

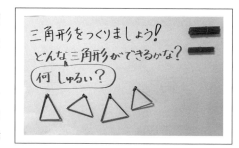

今ある４種類以外にも増えることは想像できますが、新たに「どんな三角形が増えるのかな？」ということが問題となりました。

　２色のストローの時と同じく２人組で作っていきます。適当に試行錯誤しながら三角形を作るペアもありますが、２人で作り方を相談しているペアもあります。彼らの「整理整頓の思考」が引き出され、機能している姿です。

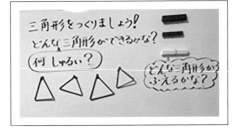

　その様子を観ていると、作った三角形を机に並べるときに、三角形を置く位置についても考えています。どんな三角形が何種類増えるのか整理するために、三角形を仲間に分けているのです。この仲間分けの姿は教師の指示によって行われているものではありません。子どもが自分の意思で行っています。そのような子どもの動きは、いきなり４色のストローで三角形を作って仲間分けをさせられる子どもの姿とは大きく違っています。

　この授業では、例えば右図のように３つの仲間に分けて整理整頓されました。

　まず、２色のストローでできる三角形は、新たに４つ増えました。

　次に、１色のストローで作ることができる三角形は、ストローの色が１色増えたので新たに１つ増えました。

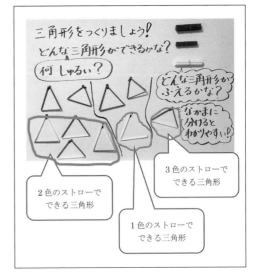

そして、ストローの色が全部で3色になったので、新たに3色のストローでできる三角形が1つできました。

　子どもたちはストローの色に着目することによって三角形を仲間に分け、全部で6つの三角形が増えるということをはっきりさせました。そして、「仲間に分けるとわかりやすい」というよさを感じ取りました。

「整理整頓する力」を育むポイント⑯

「仲間分け」をさせたい場面であえて「何種類できるのか？」と問い、「まず、次に、そして……」と教材の条件を段階的に発展させながら取り組ませることで、本時でねらう「仲間分け」につながる「整理整頓の思考」を誘発する。

　つまり、本時ではストレートに仲間分けを問うのではなく、表面的にはできる三角形の種類を問うことで、子どもの「整理整頓の思考」として仲間分けの考えを引き出したわけです。当然、本時の本当のねらいは三角形の仲間分けをしてそれぞれの三角形の概念を形成することです。算数の授業づくりは、単純にねらいとなることをそのまま問えばよいとということではありません。大事にしなければいけないのは、子ども自身が仲間分けしたくなる必要感のある状況を生み出すということです。

　なお、同じ色のストローは長さが同じです。子どもたちに改めて三角形の仲間分けを「長さ」という言葉を使って整理させました。そして、「3つの辺の長さが全て同じ三角形」、「2つの辺の長さが同じ三角形」、「3つの辺の長さがバラバラな三角形」に分けていることを確かめました。

　このように3色のストローでできる三角形を整理整頓できたところで、4色目（赤）のストローを追加しました。ただし、ここでは新しい三角形が何種類できるのかを問うのではなく、新しいストローが増えたことで

「どの仲間の三角形がどれだけ増えるのか？」を考えます。三角形の仲間分け、すなわち「整理整頓の視点・方法」を活用する場面と位置付けました。

　子どもは、1色でできる三角形が1つだけ増えることはすぐにわかります。しかし、2色でできる三角形や3色でできる三角形の仲間はたくさんできます。2人組で確かめながら進めていきました。

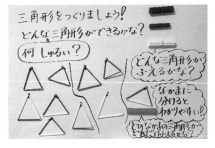

　このように目的意識をもって三角形を作る体験が、それぞれの仲間の三角形の概念をより一層明確にします。

「整理整頓する力」を育むポイント⑰

「仲間分け」のもととなった「整理整頓の思考」を他の対象に広げて見直すことで、その有効性を意識させ、整理整頓の結果（この場合は概念形成）を確実なものにする。

　この授業の構造を整理すると、次のようになります。

◆活動のめあて

　「三角形をつくりましょう」

◇子どもの問題（思考のめあて）①

↓「どんな三角形ができるかな？」

◇子どもの問題（思考のめあて）②

↓「これで全部かな？（何種類できるかな？）」

◇子どもの問題（思考のめあて）③

↓「（白が増えると）どんな三角形が増えるかな？」
　◇子どもの問題（思考のめあて）④
　　「（赤が増えると）どの仲間の三角形がどれだけできるかな？」

　　ちなみに1章**6**に示した第1学年の「ひき算」の授業も、同じタイプの授業です。教師の教材の提示の仕方によって、子どもの「整理整頓の思考」を誘発する算数授業づくりです。低学年の段階から子どもの「整理整頓する力」を高めていく算数授業のつくり方として有効な指導法だと考えます。

教材の特性
によって整理整頓の思考を誘発する授業

　既に述べたように、教師の教材の提示の仕方によって子どもの「整理整頓の思考」を誘発するということは、教師の働きかけが強い指導です。しかし、子どもの実態によっては必要です。

　一方、逆に自らの「整理整頓の思考」を機能させることが当たり前の感覚になっている子どもの場合、教材自体の魅力があれば自然に「整理整頓の思考」を働かせるようになります。それは教材に備わる特性に応じての反応と言い換えてもよいでしょう。

　ここでは、そのような授業づくりを紹介します。特に、先に述べた第3学年「三角形」と全く同じ三角形の仲間分けを行う場面の授業を示すことで、同じねらいの授業であっても授業づくりの考えや方法が違ってくるということをお伝えしたいと考えました。

1）子どもの「整理整頓の思考」を誘発する第3学年「三角形」の教材

　三角形の導入で、例えば右下のような円周上の12個の点と円の中心、合わせて13個の点の中の3つの点をつないでできる三角形の仲間分けを扱う教材があります。

　この場合も、教師の方から一方的に「できた三角形を仲間に分けましょう」と投げかけてしまっては、子ども自身に問題がないので「整理整頓する力」を育てることにはなりま

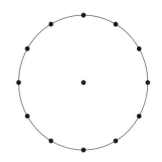

せん。

　その上、前述した4色のストローで一気に三角形を作る場面と同様に、できる三角形の数がたくさんあり過ぎて、子どもが整理整頓するには情報量が多すぎます。このままでは、自然に子どもの「整理整頓の思考」を引き出すことは難しいと言わざるを得ません。

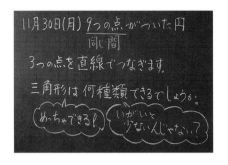 

　しかし、右上のように円周上に等間隔に打った9つの点の中の3つの点をつないでできる三角形を教材化すると、前頁の教材と見た目は似ていますが、子どもの動きが変わります。それがここでいう「教材の特性」の違いです。

　まず教材を提示し、「三角形は何種類できるでしょうか」と問いかけます。この問いかけには、前述のストローで三角形を作る教材の場面と同様の意味があります。すなわち、直接的に仲間分けを問うのではなく、できる三角形の種類を問うのです。そして、種類の数を確かめる手段として子どもの「整理整頓の思考」である仲間分けの考えを引き出します。繰り返しになりますが、算数の授業づくりでは、単純にねらいとなることをそのまま問えばよいとということではありません。大事なことは、子ども自身が仲間分けしたくなるような問題意識を抱いているかどうかです。

　話を戻します。もし読者の先生方がこの教材でできる三角形の種類を問

われたら、すぐに答えられるでしょうか？　即答するのは難しいのではないでしょうか。それは子どもも同じです。だからこそ子どもは本気で調べたくなるのです。私は、教材研究をするときに「子どもが問題意識を抱く場面というのは、大人でも同じように問題意識を抱く場面だ」と考えています。単純なことや当たり前のこと、考えればすぐにわかることに対して、子どもは問題意識を抱きませんし、本気にはなりません。子どもは、自分が身に付けていることを使って整理整頓していけば問題を解決できそうだ、という見通しをもてるような問題に対して本気で立ち向かっていきます。教材の特性には、子どもの興味関心や発達段階との塩梅が関係してきます。

「整理整頓する力」を育むポイント⑱

自分が身に付けていることを使って整理整頓していけば解決できそうだ、という見通しをもつことができるような教材を用意することで「整理整頓の思考」引き出す。

ちなみに9点の中の3つの点をつないでできる三角形は次の7つです。

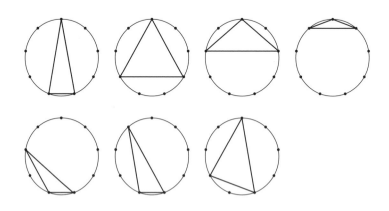

3年生の子どもが分類整理する上で適度な情報量であるという点も、この教材に備わる一つの特性として挙げられます。

① 第1時の授業

　実際の授業では、教材についての説明をするやいなや、子どもから「(三角形が)めっちゃできる」、「意外と少ないんじゃない？」という反応が現れました。これらは教材に対する子どもの直感であり、その子なりの見通しです。しかし、人によって感覚が違うことがわかりました。子どもの中に確かめたいという問題意識が生まれました。

　早速子どもたちはワークシートに三角形をかいて確かめます。すると、かいていくうちに子どもの中に「(できる三角形は)これで全部なのかな？」という問題意識が生まれました。

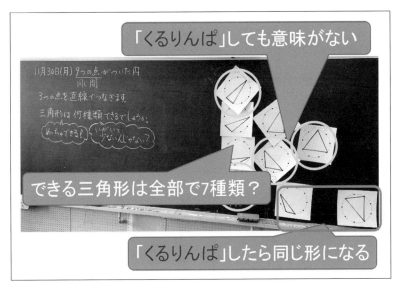

　そこで出来上がっている三角形を一つずつ大きな紙にかいて黒板にランダムに貼りました。すると、「同じ三角形があります」と言います。さらに「『くるりんぱ』したら同じ形になります」という声が続きます。どう

やら紙を裏返したら同じ形だというのです。つまり、この「くるりんぱ」がこの時点での子どもから引き出された「整理整頓の思考」の具体です。

子どもの言う「くるりんぱ」しても意味がない三角形（裏返しても全く変化がない三角形）と「くるりんぱ」したら同じになる三角形（紙を裏返したら同じだけど裏返さなければ違う形）とは、以下の2つの仲間です。

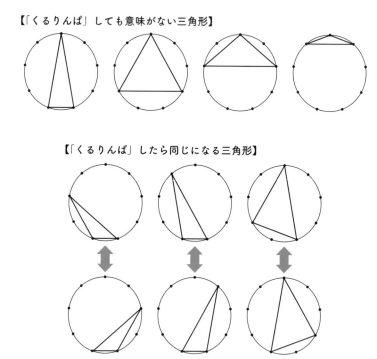

この「くるりんぱ」という図形の見方は、「合同」の概念の素地となる見方でもあります。いずれにせよ、この仲間分けをもとにして、「くるりんぱ」して同じになる三角形は同じ種類だと見なした場合に、「できる三角形は本当に全部で7種類なのか？」という明確な問題意識が生まれました。

第1時の授業の構造は、次のように整理できます。

◆活動のめあて
　「三角形をつくりましょう」
◇子どもの問題（思考のめあて）①
　↓「どんな三角形ができるかな？」
◇子どもの問題（思考のめあて）②
　「めっちゃできる？　意外と少ないんじゃない？　（何種類できるか
　↓な？）」
◇子どもの問題（思考のめあて）③
　↓「『くるりんぱ』して同じになる三角形は？」
◇子どもの問題（思考のめあて）④
　「三角形は全部で７種類なのかな？」

　子どもが、自らの「整理整頓の思考」を発揮しながら、問題意識を４
段階に変容させていることがわかります。

② 第２時の授業

　「できる三角形は本当に全部で７種類なのか？」という問題の解決を目
指す第２時、子どもたちは最初から「仲間に分けるとわかるんじゃない？」
と言い始めました。仲間分けが「整理整頓の思考」として有効だと考えて
います。この時点での子どもの仲間分けの観点は、当然、「くるりんぱ」
の有無です。三角形を１つずつ取り上げて、どちらの仲間か確かめなが
ら黒板の左右に２つの仲間に分けて貼っていきます。

　黒板に徐々に貼られていく三角形を眺めていた子どもから、「アッ、お
もしろいことを見つけた」という声が上がりました。「いつも６だよ」と
いうのです。この気付きは「ほんとだ！」と周りの子どもにも伝播しまし

た。三角形の回りにある円周上の点の和が6だというのです。円周上の9つの点の中の3点をつないで三角形をつくる本教材の場合、必ず6つの点が円周上に残ります。子どもたちは、この点の数に着目したわけです。そして、この6という点の数が新たな「整理整頓の思考」導き出します。

「整理整頓する力」を育むポイント⑲

教材の特性（円周上の3点をつないで三角形をつくる）に付随する視点や価値を考えた数値設定（この場合は9点）とすることで、子どもの「整理整頓の思考」引き出す。

事実、円周上に残っている点の数は6つで揃っているけれども、「点の並び方が違います」と言い始めました。「くるりんぱ」がある方の三角形の点の配置を「1+2+3」、「0+2+4」、「0+1+5」という式で表現し、「バ

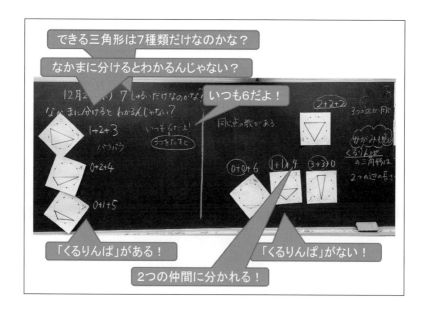

ラバラになっている」と言います。一方、「くるりんぱ」しても意味がない三角形の方は、「0+0+6」、「1+1+4」、「2+2+2」、「3+3+0」のように「同じ点の数がある」と言うのです。

さらに続きます。「くるりんぱ」しても意味がない三角形は、「2+2+2」の全部同じ数になっている三角形と、それ以外の2つの数が同じになっている三角形の2つの仲間に分けられると言います。そこで「2+2+2」の三角形はどうして点の数が同じなのか確かめると、「3つの辺の長さが同じ三角形になっているから」と言いました。また、2つの数が同じになっている三角形は2つの辺の長さが同じ三角形だからということも確認しました。

自ら「整理整頓の思考」を働かせようとする子どもは、教材に備わっている特性（情報）に目を向けようとしている子どもです。円周上の点の数に着目し、たし算の式という形で整理したことによって、これらの7種類以外に三角形はできないと納得しました。その上、「くるりんぱ」しても意味がない三角形には「鏡も見える」と言い始めました。つまり、二等辺三角形や正三角形の対称性に目を向け始めたのです。

この第2時の授業の構造は、次のように整理できます。

◆活動のめあて
　「三角形をつくりましょう」
◇子どもの問題（思考のめあて）①
↓「三角形は7種類だけなのかな？」
◇子どもの問題（思考のめあて）②
　「仲間に分けるとわかるんじゃない？　『くるりんぱ』がある！　ない！」
↓
◇子どもの問題（思考のめあて）③

「いつも点の数が6になっているよ!? （点の数がバラバラな三角形は……）」

◇子どもの問題（思考のめあて）④

「同じ点の数がある三角形は2つの仲間に分かれる！」

　この授業の構造からわかることがあります。

　「三角形」の教材の特性によって生まれた子どもの問題意識は、子どもが自らの「整理整頓の思考」を働かせて検討していくうちに変わっていくということです。当然、問題意識を変えるのは子ども自身です。そして子どもは、また別の「整理整頓の思考」を働かせて新な問題を検討していきます。つまり、子どもの問題意識と「整理整頓の思考」は、学びの中で連続的に生まれ、更新されていくものなのです。

　昨今、「主体的・対話的で深い学び」ということが言われますが、ここで見られるような子どもの姿こそが「主体的に学ぶ子ども」の具体です。

【主体的に学ぶ子ども】

○自らの「整理整頓の思考」を働かせて問題意識を持つ子ども

○自らの「整理整頓の思考」を働かせて問題意識を変容させる子ども

○自らの「整理整頓の思考」を働かせて自らの問題意識及びその変容の過程を振り返る子ども

　つまり、「主体的」とは、「整理整頓の思考」を自ら働かせている姿と捉えられます。そう考えると、「深い学び」は、「整理整頓の思考」を働かせながら、問題意識を変容させいく子どもの姿の中に見えてきます。学び始めには思いもしなかった問題意識を抱けたこと自体が「深い学び」だということです。

「整理整頓する力」は、「主体的・対話的で深い学び」の見える化も促す算数授業の新たな切り口なのです。

おわりに

　巷では今や AI が当たり前のように利用されています。スマートフォンの音声認識機能や、検索エンジンのサジェスト機能、自動運転など、ビッグデータを活用して、どんどん便利な技術が誕生してきています。実は、私も利用しています。しかし、私は AI を利用できても、決して AI を創ることはできませんが……。

　子どもたちが生きていくこれからの世の中では、AI をうまく利用していくことが人間にとって必須のスキルとなるでしょう。その一方で、より良い AI を開発できる人材の育成も求められることでしょう。ただ、AI を効果的に利用できる人間の育成を目指す教育と AI を創ることができる人間の育成を目指す教育では、それぞれ求められるものが全く違います。前者の場合は使い方の教育ですから、目的に応じた「How to」的な使用法が指導されることになります。一方、後者は解決方法も答えもはっきりしない状況の中で、前提となる条件に応じて新たに「創る」「生み出す」といった「発想」それ自体を鍛えていく教育が求められます。それは、例えば現在も続くコロナ禍の解決策を見いだすことと同じかもしれません。誰も「これが正解」と言える答えを持ち合わせていない問題に対し、知恵を絞って立ち向かう人間の姿は、まさに「創る」「生み出す」という「発想」によって支えられています。これからの世の中を生きていく子どもたちには、未知のものに立ち向かっていく力を養う教育がますます必要となりそうです。

　本書で紹介した 7 つの「整理整頓する思考法」は、これからの時代に求められる力を小学校段階から育む上で大事にしたい思考法だと考えてい

ます。未知の問題に立ち向かっていくためのシミュレーションとして、算数授業の中で「整理整頓する力」を育むことには意味があります。

　ところで、本書で「整理整頓する力」を育む算数授業づくりについてまとめていく中で、私は自分自身の算数の授業づくりの考え方やその構造・仕組みを改めて見直し、整理整頓することができました。これが、小学校の教師になって35年経った現在の私の算数授業づくりの考えです。本書に示した算数授業づくりの考えが読者の先生方にとって何らかの参考となれば幸甚です。

　最後になりましたが、本書を刊行するにあたって東洋館出版社 編集部の石川夏樹様には、多大なるご尽力を賜りました。お陰様で刊行に至ることができました。改めて感謝申し上げます。

2021年3月

山本良和

［著　者］

山本良和 （YAMAMOTO, Yoshikazu）

筑波大学附属小学校主幹教諭。鳴門教育大学大学院学校教育課程修了。教育学修士。高知県公立小学校教諭、高知大学教育学部附属小学校教諭を経て、現職。全国算数授業研究会会長、日本数学教育学会理事、教科書『小学校算数』（学校図書）執筆・編集委員、隔月刊誌『算数授業研究』編集委員。近著に、『板書で見る全単元・全時間の授業のすべて 算数 小学校2年上』（東洋館出版社, 2020）、『山本良和の算数授業 上学年の算数授業経営』（東洋館出版社, 2018）、『必ず身につけたい算数指導の基礎・基本55』（明治図書, 2018）など。また、編著に『「数学的な見方・考え方」を働かせる子どもを育てる「しかけ」と「しこみ」』（東洋館出版社, 2018）、『すべての子どもを算数好きにする「データの活用」の「しかけ」と「しこみ」』（東洋館出版社, 2018）など。

数学的な見方・考え方が育つ
整理整頓の算数の授業

2021（令和3）年3月31日　初版第1刷発行

著　者：山本良和
発行者：錦織圭之介
発行所：株式会社東洋館出版社
　　　　〒113-0021　東京都文京区本駒込5丁目16番7号
　　　　営業部　電話03-3823-9206　FAX 03-3823-9208
　　　　編集部　電話03-3823-9207　FAX 03-3823-9209
　　　　振　替　00180-7-96823
　　　　U R L　http://www.toyokan.co.jp

カバーデザイン：山之口正和（OKIKATA）
カバーイラスト：白井匠
本文イラスト　：すずき匠（オセロ）
印刷・製本：藤原印刷株式会社

ISBN978-4-491-04459-0
Printed in Japan